학생자치에서 시작된
행복한 학교 이야기

학생자치에서 시작된 행복한 학교 이야기

발행일	2021년 1월 29일		
지은이	김정재		
펴낸이	손형국		
펴낸곳	(주)북랩		
편집인	선일영	편집	정두철, 윤성아, 최승헌, 배진용, 이예지
디자인	이현수, 한수희, 김민하, 김윤주, 허지혜	제작	박기성, 황동현, 구성우, 권태련
마케팅	김회란, 박진관		
출판등록	2004. 12. 1(제2012-000051호)		
주소	서울특별시 금천구 가산디지털 1로 168, 우림라이온스밸리 B동 B113~114호, C동 B101호		
홈페이지	www.book.co.kr		
전화번호	(02)2026-5777	팩스	(02)2026-5747

ISBN	979-11-6539-587-2 03370 (종이책)	979-11-6539-588-9 05370 (전자책)	

학생자치 에서 시작된
행복한 학교 이야기

김정재 지음

북랩 book Lab

자율과 책임으로 우리가 꿈꾸는
학교의 모습을 그려내다

'자치'란 무엇인가?
자치의 사전적 의미는 '스스로를 다스린다.'이다.

　그다지 생소하지 않은 단어일 것이다. 하지만 누군가에게 "스스로 자치를 실현해 보았느냐?"라는 질문을 받으면 대부분 대답이 망설여질 것이다. 물론 개인마다 한 번쯤은 자치를 실현해 본 경험이 있을 것이다. 자치를 꼭 리더가 되어야만 경험할 수 있다는 것은 편견이다. 참여를 통해 실천한 사례도 자치를 경험했다고 할 수 있다. 필자는 이 책을 출간하면서 눈으로 보고 경험으로 습득한 내용을 바탕으로 자치활동을 꾸려나간 그간의 일대기를 공유하여 독자들의 학생자치활동 전개에 대한 이해를 돕고자 한다.

이 책의 내용을 보면 학생자치활동의 능동적이고 자율적인 움직임을 강조한다. 지금껏 우리가 봐 왔던 학생자치회의 모습은 능동적이기보다는 피동적인 움직임에 익숙해졌다고 생각해도 과언이 아니다. 즉, 자치에 의미를 둔 '학생자치' 본연의 기능을 상실한 상태였다. 하지만 그 틀을 깨기 위한 움직임에 선뜻 용기를 내어 나서기가 힘들었던 것도 사실이다. 따라서 수동적인 움직임에서 보인 학생자치활동의 면모는 신뢰도와 책임 의식을 동시에 하락시키는 결과를 초래했다.

필자는 이러한 기존 인식의 틀을 깨고 학생자치활동의 새로운 방향과 제 기능을 되찾기 위한 움직임을 시도했다. 즉, 학생자치의 초석을 새로이 다져 나가기 위해 노력해 온 학생 중 한 사람이다. 시간을 거슬러 올라가 보자. 중학교 시절에 필자는 학생자치활동에 처음으로 발을 디뎠다. 당시 학급 실장으로 선출되었고 급우들과 약속한 공약을 실천하겠다는 다짐과 함께 부푼 꿈을 안고 있었다. 그러나 생각과는 달리 학생들을 대변하는 자치 기구인 대의원회는 능동보다는 수동에 가까운 기구로 자리매김하고 있었다. 즉, 선생님께서 회의 주제를 정해 주시면 그것에 대해 토의하고 결정하는 기능이 전부였다. 사실 이때까지만 해도 필자 또한 크게 직접 나서서 자치활동을 바꿔 보겠다는 의지를 갖진 못했다.

고등학교에 진학하여 바라본 학생자치 기구는 다르다고 생각했지만, 실상을 보니 마찬가지였다. 말 그대로 '거수기' 역할에 그쳤다. 이에 학생 중심 문화의 초석을 다지기 위한 새바람을 일으키기 위해 환골탈태의 자세로 의지를 다지며 자치활동의 기능을 되살려보겠다는 다짐과 꿈을 꾸게 되었다. 그 후 2014년에는 학생회장에 도전하여 재도약을 약속하고 학생자치의 기능을 되살려 구성원들의 신뢰를 되찾겠다는 각오로 승부수를 띄웠다.

필자가 얘기하고자 하는 것은 향후 우리가 사회인으로서 발돋움하기 위한 제 기능과 역량을 갖춰나가는 학창 시절의 과정에서 수동적인 면모, 책임 의식 저하를 나타나게 만드는 부분들을 탈피하고 능동적이고 적극적인 자세로 나아가야 한다는 점이다. 그런 점에서 학생자치활동이 기능과 역량이 바로 갖춰진 사회인으로 성장하게 만드는 일환으로 작용할 수 있다.

이에 이 책을 통해 학생들이 '자율과 책임'에 바탕을 두어 자치 능력 함양 그리고 학생자치활동의 개념과 목적을 이해하는 데 도움이 됐으면 한다. 더불어 민주시민으로서 함께 성장해 나가는 데 조금이나마 도움이 됐으면 하는 바람이다.

학생의 시선에서 바라보고 기록한 경험을 이 책에 담아냈다. 책이 나오기까지 지난 시간 동안 함께 뜻을 모아준 친구와 후배에게 고마움을 전한다. 늘 곁에서 관심과 사랑으로 가르침을 주시는 은사님들께도 감사드린다. 이와 더불어 관심으로 이 책을 구매하여 읽고 계신 독자분들께도 진심으로 감사드린다.

2021년 1월

저자 김경재

학생자치의 여정에 희망을 노래하다

벌써 10년이 되었습니다.

저는 공모 교장으로 단양고등학교로 부임해 그동안 꿈꾸었던 교육을 실천하기 시작하였습니다. 단양고등학교는 미래 학교의 모습을 갖추면서 변화했고, 전국의 많은 학교가 벤치마킹을 위해 찾아왔습니다. 이는 학교의 변화에 능동적으로 동참해 주신 선생님과 학생들이 있었기에 가능했습니다. 그러나 학생의 움직임이 학교 교과 교육 과정과 창의적 체험 활동에서는 이루어지고 있었으나 학생자치는 여전히 옛날의 모습을 답습하고 있었습니다. 그렇다고 인위적으로 움직이게 하는 것은 스스로 움직이는 학생자치회가 아니기에 안타까움만 커가는 3년이 지나고 있었습니다.

그때 운명처럼 학생회장을 만났습니다.

부회장 때 남다른 모습을 보였는데 회장이 되고 만난 모습은 생각 이상이었습니다. '인재다.'라는 느낌이 강렬하게 다

가왔습니다. 회장으로서의 포부를 들으면서 '역시.'라는 생각
이 들었습니다. 더 다듬고 성장하면 큰 인물이 되겠다는 생
각에 너무 기뻤습니다.

어느 날 회장이 교장실 문을 두드렸습니다. 조심스럽게 예
산 집행 계획서를 작성해서 보여 주었습니다. 예산안을 검토
하면서 얼마나 기뻤는지 모릅니다. 기다린 보람이 있었습니
다. 이미 학생 스스로 집행하는 예산을 편성은 해 놓고 있었
지만, 이렇게까지 상세하게 작성할 줄은 몰랐습니다. 또한,
리더십뿐만 아니라 기획력도 뛰어나서 하는 일은 새롭고 놀
라움을 주었습니다.

졸업 후 학생자치에 대한 고민과 경험을 강의하면서 완성
시키는 것을 보고 있었는데 그동안의 여정과 성과를 정리하
여 책으로 엮었습니다. 원고에는 회장의 고민과 실천이 생생
하게 담겨있었습니다. 이제 우리 학생들을 믿고 스스로 성장

하는 모습을 지켜볼 때가 되었습니다. 이 책을 읽으면서 학생 고민과 생각의 깊이를 알 수 있고, 믿고 맡길 수 있다는 신뢰가 더 생겨납니다. 학생들은 어른이 보는 이상으로 가능성을 가지고 있고 잘 해냅니다. 학생자치를 고민하는 이들에게 이 책이 희망이 되기를 바랍니다.

추천의 글에 학교장의 이야기와 회장을 바라보는 마음을 넣은 것은 글을 이해하는 데 도움이 되리라는 생각에서였습니다.

선생님의 행복이 여기에 있습니다. 모두 글을 마음으로 받아들이면서 행복한 학교를 꿈꾸시기 바랍니다.

지금도 그날처럼 우리 회장의 꿈을 응원하는 선생님이.

이광복
전) 충청북도교육청 교육국장
전) 단양고등학교 교장

자치활동가 김정재 군을 응원하며

정재 군과는 각 단위에서 한창 동계 올림픽 자원봉사 준비로 바빴던 2016년, 제가 강원도자원봉사센터장으로서 강원대학교 올림픽 봉사단 참여자들을 대상으로 진행했던 강의에서 처음 만났습니다. 강의를 마치고 나가려는 제게 찾아와 인사를 하고, 이런저런 이야기를 나누고 강의에서 받았던 인상과 고마움을 전하며 명함을 주었던 기억이 있었습니다.

그 후 정재 군은 군 복무 시절에도 휴가를 나오는 틈틈이 소식을 전해 주었고, 복학하여 학내에서 장애인 인권운동을 하는 후배를 소개해 주는 등 꾸준히 교감해 왔습니다. 사실, 한 번의 강의로 스쳐 지나갈 수 있는 그 짧은 인연을 여기까지 이어온 것은 전적으로 정재 군의 성실함과 적극성 덕분입니다. 제가 강원도자원봉사센터장을 그만두고 정치에 입문할 때 먼저 진심 어린 응원을 보내온 것도 정재 군이었습니다.

그렇게 모든 일에 정성과 열심을 다하던 정재 군이 이번에는 자신의 고등학교 시절, 학생자치활동을 정리하고 엮은 책의 원고를 보내왔습니다. 제가 알지 못했던 시절의 정재 군이 어떻게 살아왔는지를 이해할 수 있는 기회이기도 했고, 무엇보다도 이제 막 학생자치활동을 시작할 후배들에게는 참으로 유용한 경험담이기도 하여, <강원도학생민주시민교육조례>를 발의한 의원으로서도 더없이 반가웠습니다.

기호 1번으로 나서면서 정재 군을 비롯한 후보단은 선배들의 과오에서 배우고, 새로이 채워 나간 실천 중심의 공약을 제시했습니다. 신뢰할 만한 계획을 수립하고 실천하겠다는 각오와 학생회 임원 이외의 학생들도 의사 결정 과정에 참관할 수 있도록 한 방청석 마련 공약, 학교에 오는 것이 즐거울 수 있도록 학생회 주최의 대회를 늘리고 면학 분위기를 갖추겠다는 약속은 모두 지켜졌습니다.

　공약 수준의 약속이 얼마나 허술한 근거로 마련되고 자칫하면 억지로 그 약속을 꿰맞추는 실상을 종종 봐 오던 터에, 이런 공들인 약속과 그 실천에 얼마나 많은 정성과 검토가 있었을지 짐작됩니다. 언론활동부 부원 선출 시 질문지를 만들어서 신청한 학생들의 자질과 태도, 인성 등을 꼼꼼히 따져 선발했다는 대목에서는 일반 기업체의 인재 발굴 시스템 못지않은 치밀함도 발견합니다.

　'학생 참여 예산제'를 실시하면서는 부여받은 권한을 잘 쓰기 위해 예산 수립과 집행의 실무를 학습하고, 낭비되는 예산 점검을 위한 사업 보고회를 정례화하여 운영하고, 리더십 상을 만들어 심사하는 과정에서 '학우 중심 평가'를 포함하여 공정함과 신뢰를 얻었습니다.

끝으로, 모든 과정을 기록으로 남긴 철저함에 대해서도 박수를 보냅니다. 일정 하나도 치러내기 바쁘고, 겨우 정산하여 마무리하는 것이 통상적이라면, 정재 군과 자치회 임원들은 자신들의 활동을 꼬박꼬박 글로 기록하여, 각 과정이 어떻게 이뤄지고 진행되었는지를 살필 수 있도록 했습니다.

정말 놀라운 것은 이 모든 것을 정재 군과 임원들의 합의와 결정을 통해 자율적으로 이뤄냈다는 것입니다. 현업 정치인으로 일하는 저로서도 감탄할 만큼, 학교 자치활동 본연의 역할과 미션에 충실하고 창의적인 여러 시도가 돋보입니다.

이 글은 학생자치활동을 통해 자치와 자율의 가치를 살리기 위해서는 결국, 잘 짜인 계획과 협업이 중요하다는 것을 알려줍니다. 그리고 그 과정에서 하나하나 체득한 지혜를 후배들에게 꼼꼼히 정리하여 보고하는 '학생자치활동 매뉴얼'로 충분한 조건을 갖추었습니다. 거기에 자치활동이 조직과 개인의 성장에 어떻게 상호 긍정적인 영향을 주었는지도 살필 수 있습니다.

정재 군은 이제 대학을 졸업하며 또 다른 세계로 나아갈 것입니다. 더 다듬어지고, 더 여물어야 할 부분이 있지만, 지금까지의 그를 보면 걱정은 접어두어도 될 듯합니다. 어디에 있어도, 무슨 일을 하여도, 인본 중심의 그의 태도와 경험은 가장 중요한 자산이 될 것입니다.

정재 군의 꿈을, 한결같은 마음으로 기대하고 응원합니다.

허소영

전) 강원도의회의원(기획행정위원회 위원)

목차

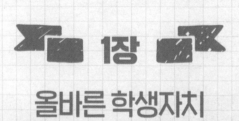

1장

올바른 학생자치
문화 확립을 위한 준비

준비 그리고 도약의 시작

<회의 진행 및 부서별 업무 질의>

"여러분은 목표한 일들을 시작하기 전에 구체적인 계획을 세워서 준비하나요?", "계획은 왜 세울까요?" 누군가에게 이런 막연한 질문을 받으면 당황스러울 것이다. 그러나 준비된 사람은 다르다. 질문에 대해 확신에 찬 답을 줄 수 있기 때문이다. 이를 토대로 학생자치활동에도 준비된 사람이 필요하다는 것을 강조하고자 한다. 필자의 경험담을 풀어놓기 전에 학생자치활동에 대한 독자들의 이해를 돕고자 기본 개념을 설명하며 이 글의 문을 열고자 한다.

여러분은 학생자치를 한 번쯤 경험해 봤다. 학생자치에는 학생회, 학급회, 학년회에서 임원으로 활동한 것 이외에도 자치회를 탄생시킨 유권자의 역할도 포함된다. 그렇다면 여러분이 여태 경험해 온 학생자치란 무엇이었는가? 바로 학생 스스로가 타인에 의한 수동적인 움직임에서 벗어나 능동적이고 창의적인 사고를 전제로 한다. 자신이 속한 공동체가 지향하는 방향을 찾아서 민주적인 의사 결정의 원리를 기본 배경으로 스스로 익히고, 적용해 봄으로써 민주 사회의 일원으로 성장해 나가는 능력을 함양해 나가는 것을 배우는 과정을 말한다. 한마디로 학교의 주인은 학생이라는 것을 피력하는 역할을 하게끔 한다. 따라서 학생이 주도하여 학교 문화를 스스로 일궈가는 학생 중심의 학교 문화를 완성 시키는 동력 자원이라 할 수 있다. 필자는 학생자치의 대표적인 활동인 '학생회' 활동을 주제로 경험 속에서 녹여낸 이야기보따리를 지금부터 풀어내고자 한다.

필자는 고등학교 학생회장 선거에 도전한 경험이 있다. 누군가에게 이끌렸다거나 나의 욕심과는 전혀 무관하다. 변화가 필요하다고 생각했다. 즉, 퇴색된 학생자치의 기능을 되살리기 위한 움직임이었던 것이다. 실제로 도전해 보니 생각했던 것보다 문제점이 많았다. 어떠한 일들을 능동적으로 만들고 처리하는 의사 결정 과정부터 시작하여 구태의연한 제도들까지. 이러한 것들은 올바른 학생자치의 발목을 잡고 있었다.

학생회장이 되기까지의 과정을 이야기하기 전에, 차례대로 그 준비 과정부터 이야기하고자 한다. 잠시 고등학교 1학년 때로 돌아가 보려 한다. 필자에게는 수첩 하나가 늘 손에 쥐어져 있었다. 학급 실장이 되고부터 수첩 하나를 구해 들고 다녔던 것이 기억난다. 수첩 속에는 급우들의 민원과 학급 활동을 하면서 느꼈던 필자의 생각들을 순간순간 기록했다. 고등학교에 진학하여 바라본 학생자치활동의 실상은 중학교 시절의 수동적인 면모에서 벗어나지 못했던 모습들과 흡사했다.

또한, 수첩에 학생자치활동의 미비한 기능과 제도적 한계에 대한 문제를 어떻게 풀 것인지에 대한 내용을 조목조목 따져서 적어 나갔다. 필자는 매번 바른 소리를 하는 임원으로 학생자치회 구성원들 사이에서 소문이 났다. 즉, 할 말은 다 하는 사람이었다. 잘못된 부분을 바로잡아 가기 위한 움직임이었다. 잘못된 것을 잘못됐다고 얘기하는 과정은 준비가 되어 있었기에 가능했다.

이러한 준비 과정으로 늘 움직여 온 필자의 학급은 학급회의 개최가 빈번했다. 매월 학생 최고 의결 기구인 대의원회가 개최되기 전에 꾸준히 급우들과 소통하며 이야기를 나누었다. 직접 나무상자 하나를 구해 건의함을 제작했다. 제작한 건의함을 설치해 놓고 일주일에 한 번은 그 속에 들어 있는 내용을 정리하여 토의 내용으로 선정하고, 공유하며 문제에 대한 보완점을 모색했다. 그리고 이를 학생 대표 의사 결정 기구인 '대의원회'에 올려 의제로 채택되는 데 힘썼다. 이를 공론화시키는 과정과 적극적이고 합리적인 대안을 마련하는 모습을 보여 왔다. 이러한 모습들은 전에는 보기 드문 일이었다. 하지만 회의가 길어지는 것을 싫어하는 사람들도 눈에 띄었고 사실 눈치도 보였다. 그러나 작은 부분들로부터 누수가 생긴 구멍을 막아 나가는 과정에는 준비된 사람이 필요하다는 것을 필자 스스로도 절실히 느꼈고, 이는 소신 있는 움직임의 동력이 되었다.

다사다난했던 시간도 잠시, 필자에게는 또 한 번의 기회가 찾아왔다. 연말에 실시하는 학생회장단 선거였다. 놓치고 싶지 않았다. 꼭 변화를 이끌고 싶었다. 당시 러닝메이트로 선거에 출마할 수 있었던 여건에서 마침 한 선배가 필자를 후보로 추천해 주어 부회장 출마의 기회가 찾아왔다. 망설이지 않고 함께하겠다고 의사를 표명했다. 러닝메이트로 나온 회장 후보에게 주저하지 않고 필자가 느껴온 학생자치활동의 실상을 조목조목 얘기했다. 지금껏 보아온 후보들은 가시적인 것들로 유권자인 친구들을 현혹해 왔다. 또한, 유권자들도 당선자가 매년 자리에만 있다가 임기를 채우고 나가는 사람들로 인식된 것을 아무렇지도 않게 반복해서 받아들이고 있었다. 그러한 인식이 있다는 내용도 모른 채로 말이다. 이렇게 필자가 보고 느낀 자치회 활동의 실상과 여러분이 몸소 경험해 본 자치활동의 모습은 어떠했는가?

필자는 답답한 심정을 토로했다. 회장 후보로 출마한 선배는 그 마음을 알아주었고 변화의 기로에 서 있는 내 의지를 끝까지 믿고 함께하기로 약속했다. 필자는 출마를 결심하고 나서부터 후보단 정책을 만들고 선정하는 과정을 주로 말았다. 필자가 주장한 내용은 다음과 같았다. 무엇보다도 조직 내부의 미비한 기능을 정비하는 것을 우선순위로 삼았다. 모든 일에는 그에 대한 뒷받침 근거가 중요하다. 그리고 누군가의 대표자가 되기 위한 준비는 그만큼 험난하다. 가장 기본적인 업무처리 방식부터 손대기 시작했다.

필자는 상향식 또는 평면형 구도의 운영 방식을 주장해 왔다. 대부분의 기존 학생자치활동 운영 방식은 상향식보다는 하향식에 가까운 하달 방식의 일 처리를 고수해 왔다. 그 이유는 단순하다. 과정이 수월하여 어떠한 일이라도 빠르게 처리하고 진행할 수 있기 때문이다. 그러나 너무나 많은 부작용이 발견되었다. 대화의 단절, 합의되지 않은 상부의 단독 결정 등 우리 사회의 조직 구도를 그대로 축소 적용해 놓은 듯한 현상이 나타났다. 필자는 이러한 부분에서 우리 사회의 미래는 이미 결정되어 있다는 것을 느꼈다. 그렇게 생각하게 된 이유는 이미 배움의 터전인 학교 또한 사회의 한 축에 흡수된 상태로 보였기 때문이다. 늘 그 상태로 마치 시간이 멈춘 것처럼 말이다.

따라서 필자가 고집한 상향식 그리고 평면형 구조의 업무 처리 방식은 구성원 간의 합의를 도출해 내는 데 큰 효과를 기대할 수 있었다. 시간이 좀 걸리더라도 많은 대화와 토론을 거치는 방식이었다. 이 방식은 학년회 도입과 더불어 매 회차 주제를 정하지 않고 자율적인 맞춤형 학년 의제 채택을 통해 들어오는 안건들을 돌아보는 것이었다. 보고의 형태가 아닌 제안의 형태로 자치회의 분위기를 바꿔 보고자 하는 취지였다. 물론 기존의 방식에 익숙한 친구들은 이 방식에 크게 공감하지는 못했다. 하지만 필자가 준비 과정을 통해 보여 준 의지와 각오는 많은 사람의 신뢰를 얻기 시작했고, 그렇게 학생자치활동의 새로운 바람이 시작되었다.

이후 당선과 함께 본격적인 조직 운영 채비에 들어갔다. 새로운 기능의 도입과 동시에 혼돈의 시간 속에서 모두 걱정이 앞섰다. 사실 앞에서도 언급한 것처럼 기존의 방식에 익숙했던 학생 대표들은 상향식과 평면형 구조를 탐탁지 않아 했다. 또한, 이 방식에도 문제점이 없던 것은 아니었다. 바로 잦은 회의와 처리해야 할 일들에 대한 세심함을 강조했기 때문이다. 당연하다. 필자도 공감하지 못하는 부분은 아니었다. 새로운 것을 받아들인다는 것은 더욱더 어려운 일이다. 이에 회의 의제를 정하는 것은 강조하지 않았다. 그리고 기다렸다. 시간을 두고 적응할 시간을 가진 것이다.

이윽고 이 방식에 대한 효과가 두드러지는 모습을 차츰차츰 볼 수 있었다. 기존에는 학년별 회의 내용까지 정해 주었다. 그러다 보니 의욕이 없었고 정해진 날까지 가져와야 할 안건들을 토의한 내용은 늘 비어있었다. 그러나 방식을 바꾸고부터는 학년마다 제각기 맞춤형 안건들을 내놓았고, 그 안건들이 성립될 때마다 성취감을 느꼈다. 그 성취감은 이루 말할 수 없었다. 필자가 기억하는 안건 중 하나는 교내 대회를 늘리자는 것이었다. 학생들이 중심이 되어서 만들어 보자는 취지였다. 평소에 출전할 수 있는 대회들은 매해 돌고 도는 따분하고 틀에 박힌 내용의 대회였다.

이에 머리를 맞댔다. 필자가 먼저 한 가지 제안을 해 보았다. 학생자치회 상징 마크를 만들어 보자는 것이었다. 돌아보니 우리에게는 정체성, 단결력, 통합력이 부족했다. 따라서 이러한 취지에서 학생자치의 이미지 쇄신과 관심도를 부흥시키고자 하는 생각에서 해당 제안을 내었다. 필자가 제안한 내용은 공감대를 형성했고, 교내에서 처음으로 학생들이 직접 기획한 공모전이 기획부터 마무리까지 이뤄졌다. 반응도 좋았다. 여러 친구가 작품을 출품했다. 학생자치의 준비된 새 면모도 뭇 사람에게 각인시킬 수 있는 좋은 기회였다. 필자는 아직도 2013년 연말 당시 출품됐던 작품 중에서 당선작으로 뽑힌 작품의 가치 있는 의미가 담긴 내용을 기억한다. 그 작품은 학생자치의 믿음으로 모두가 하나 되는 모습

을 그려내고 있었다. 서로 손을 맞잡고 화합하며 따뜻함이
넘치는 이미지와 함께 정감 있는 상징적 의미를 더하고 있
었다.

〈단양고등학교 학생자치회 상징 마크〉

학생들이 주체가 된 능동적인 움직임은 크게 주목받기 시
작했다. 나중에는 선생님까지도 학생자치활동의 주체가 학
생이라는 사실을 새로이 받아들이기 시작하면서 학생자치활
동을 바라보는 시각과 분위기 자체가 달라졌다. 이렇게 첫
공모전을 성공적으로 기획하고 추진할 수 있었던 배경에는
그만한 준비와 노력이 있었다. 준비 자세에 대한 질이 향상
된 덕분에 탄력을 받은 것임이 틀림없었다. 그렇다면 어떤
준비와 노력이 있었기에 이처럼 공모전을 성황리에 마칠 수
있었을까?

사실 기존 학생회에서는 일을 추진하기 위한 기본 증빙 자

료라고 할 수 있는 '기획안'은 찾아볼 수 없었다. 즉, 보존 중인 과거 자료가 없었기에 이러한 부분들부터 차례대로 확립해 나갔다. 학생 대표를 모아놓고 한동안은 문서를 기안하는 방법을 설명하며 서로 익혀나가는 데 주력했다. 기획안을 작성하기 시작하면서 결과적으로 학생자치회의 업무 시작과 끝을 검증된 내용으로만 선별하는 데 크게 기여할 수 있었다.

이 과정에서 기획안을 들고 상대를 설득하는 과정과 구두로 설명하는 것은 확연한 차이가 있다는 것도 몸소 느낄 수 있었다. 한 가지 예를 들면 기안된 기획안 안에는 기획 내용과 의도 등 어떤 일을 추진하고자 하는 배경이 있다. 그런데 여기서 중요한 것은 기획 내용도 중요하지만, 그 안에는 시작일과 끝을 알리는 시한이 있다는 것이다. 즉, 합의를 해내는 과정이 있다. 기획을 의도한 사람과 그에 대한 승인권을 가진 사람과의 약속인 셈이다. 그러나 구두로 하는 내용 설명은 그때뿐이다. 왜냐하면, 기록이 없기에 시간이 지나면 그 효력을 증빙할 수 있는 자료가 없으므로 계획에 차질이 빚어지기 때문이다.

필자는 시작이 반인 만큼 자료를 만들고 그것을 토대로 토의 과정을 거쳐 합의를 이뤄내었다는 데 초점을 두고자 했다. 합의 과정이 성립했기 때문에 일을 추진하는 데 큰 제약이 없고 순탄한 진행이 이뤄지면서 상대에게도 믿음을 줄 수 있는 움직임이 분명해졌다. 혹시 하고자 하는 의지는 강하지만, 방법을 찾지 못했던 기억이 있는 이들에게 꼭 이 방법을 익혀서 이행해 보라고 권하고 싶다. 이는 학생자치활동의 새바람을 다시 불러올 더 큰 목표를 향한 날갯짓이었다.

새로운 변화는 이제부터 다시 시작된다. 2013년 겨울, 또다시 기회가 찾아왔다. 학생회장에 출마를 결심했다. 어려운 결정이었다. 고등학교 3학년이 되기까지 석 달 정도를 남겨둔 상황이었으니 말이다. 그러나 필자는 의지를 굳혔다. 걱정이 앞서기보다는 해 보고자 하는 의지가 강했다. 목표가 있었기 때문이다. 부회장직에서 사퇴하고 후보자 등록을 했다. 눈앞에서 그려지는 것, 그리고 그것을 실천에 옮기고자 하는 필자의 마음은 누구보다도 두근거렸다.

필자가 부회장직을 수행하면서 마련한 학생자치회 운영 방침은 자연스레 정착되었고 이제는 제도적인 뒷받침이 필요했다. 일을 제대로 하기 위한 뼈대가 필요했다. 무엇보다도 그동안 학생자치회의 발목을 잡고 있었던 것은 '학생 생활 규정'이었다. 학생 생활 규정은 학생자치활동에 대한 자율성 부여와 그에 대한 권한들이 자치활동의 주가 되어야 하는 학생들에게 있다고 명시되어 있지 않았다. 명목상의 절차 정도만 명시되어 있었다. 필자는 매번 나오는 물질적인 공약을 내세워 표를 구걸하고 싶지 않았다. 제대로 준비된 사람임을 보여 주고 싶었다. 필자는 1호 공약으로 안정된 학생회를 위한 신뢰 기반 구축을 내세웠다. 학생자치회의 능동적이고 자율적인 분위기를 통해 학생 스스로가 만들어 가는 학생 중심의 학교 문화를 이뤄내겠다는 취지였다.

이에 대한 첫 행보로 학생 생활 규정의 전면적인 검토와 대안을 마련하는 데 주력했다. 가장 먼저 손을 댔던 부분은 학생자치활동 자율 운영 규율, 조직 운영 체계, 상·벌점제 였다. 안정적인 조직 체계를 갖추기 위한 조건을 충족하는 준비에 착수했다. 첫 번째로 자율 운영 규율을 개정하려고 했던 이유는 학생회를 자율적으로 운영할 수 있는 기반 자체가 부족했기 때문이다. 따라서 자율 운영 규율에는 예산 편성 및 집행에 대한 권한 강화, 학생자치 기구 감시와 견제 시스템 구축을 통한 학생자치회 내부 기강 강화와 신뢰도 향상에 초점을 뒀다.

두 번째로는 조직 운영 체계 개편이었다. 기존에 학생 생활 규정에 명시된 학생자치회의 조직 구조는 상부 교육 기관 으로부터 받은 지침이었다. 즉, 자율적으로 상황에 맞게 변화해야 할 조직 구조가 언제 만들었는지에 대한 여부도 모른 채로 예전 모습 그대로 정착되어 있던 것이다. 부서 명칭과 역할이 정해져 있었기 때문에 매해 변화하는 학생회의 기능과 역할 면에서 한계점을 보일 수밖에 없었다. 그러므로 이를 자율적으로 시대적인 상황에 맞게 개편할 수 있는 근간을 마련하여 효율적인 방향으로 나아가고자 함이 개정안의 취지였다. 그런 이유로 기존에는 각 부서에 대한 조직 개편을 위해 까다로운 절차들을 밟아야 했던 반면에 그 복잡한 절차들을 간소화하고자 했다.

기존에는 당해년도 새 학생회 출범 시 해당 학생회의 방향성에 맞춰 조직 개편을 제안할 경우 학칙 개정 토론회까지 가야 했다. 그러나 개정 이후에는 자치회장의 건의와 학교장의 승인만 있다면 시대의 흐름에 발맞춰 나갈 수 있도록 여건을 마련하여서 유연한 조직 개편 시스템 구축을 완성했다.

세 번째로는 상·벌점제 개편이었다. 상·벌점제에 명시된 내용은 학생들과 교사 간의 약속이다. 약속이라는 것은 서로의 충분한 토의와 토론을 통해 합의점을 도출해 냄으로써 효력이 발생하고, 이를 지키며 신뢰를 형성해 나가는 것을 지칭한다. 그런데 기존에 존재하는 내용은 그러지 못했다는 평가였다. 따라서 공감대 부족으로 벌점이 난무하고 학생들은 오히려 반항심만 커졌기에 학생과 교사 사이에 부작용을 조정할 필요가 있다고 봤다. 이에 학생들이 능동적으로 규칙을 만들고 스스로 지켜나가는 학교 문화를 만들어 가는 것을 목적으로 하는 상·벌점 규정(안)을 제안하겠다고 약속했다. 이를 통해 교사와 학생의 사이를 좁혀 사제 간의 신의를 지켜나가기 위함이었다.

1호 공약에 이어 공정하고 투명한 임원 선발 기준 제시, 학생들이 주체가 되어 만들어가는 학생 중심의 문화 활동 양성, 학생 복지 증진 등 이전과는 다른 '학교'라는 공간 속의 주체를 찾기 위한 모험에 나섰다. 필자가 이 모든 움직임을 '모험'이라 칭하는 이유는 위험을 감수하고서 파격적인 도전에 나섰기 때문이었다. 1년 안에 위와 같은 내용을 지킬 수 있겠는가? 사실 필자도 자신을 의심하며 돌아보았다. 무모한 도전은 아닐까 하는 생각과 한 입으로 두말하는 모습으로 비칠까 봐 걱정했다. 그러나 걱정들은 잠시 뒤로하고 돌이켜보니 필자에게는 이러한 걱정들을 깨고 길을 찾아 나설 수 있는 나침반이 하나 있었다. 경험 속에서 쌓아온 탄탄한 준비와 주변 친구, 사제 간에 맺어온 신뢰는 탐험가로서 모험을 떠날 때 험난한 길의 이정표가 되어 주었다.

1장-올바른 학생자치 문화 확립을 위한 준비

<부서별 운영 계획 브리핑>

　필자는 그렇게 무거운 짐을 짊어지고 학생회장에 당선되었
다. 당선 결과를 듣고 그다음 날부터 선거운동을 함께한 친
구들과 함께 '2014년도 학생자치회 임시 준비 위원회'를 꾸리
고 공약을 차례대로 이행하기 위한 준비에 나섰다. 겨울 방
학 동안에는 개정안 초안을 만들고 공약을 효율적으로 진행
하기 위한 자료 준비와 그에 대한 예산 확보에도 힘썼다.

　결과적으로 임시 준비 위원회에서 준비한 자료들을 토대
로 선생님들께 자문을 구했다. 총 8차에 걸친 협의 과정을
통해 학생 생활 규정 개정안의 초안을 마련하게 되었다. 예
산 확보 면에서는 조직 개편안을 토대로 초점을 두어 가예

산을 편성하고, 임시 준비 위원회 심의 과정을 거쳐 최종안
의 내용을 결론지은 초안이 나왔다. 이러한 과정은 곧 2014
년도에 학생자치의 새바람이 불 것을 예고했다.

<학생 생활 규정 전면 개정 공청회>

순차적인 준비와 움직임은 하고자 했던 의지에 탄력을 주
었다. 필자는 목적지를 모르는 탐험보다는 정확한 목적지를
향해 길을 찾아 나서는 여행을 하고 있었다. 상황을 고려하
여 조금 이르게 2014년 2월경에 학생회장직을 이어받고 본격
적으로 준비해 온 내용을 바탕으로 직무를 시작했다. 봄방

1장-올바른 학생자치 문화 확립을 위한 준비

학 소집일을 활용해 2월 4일부터 2월 6일까지 3일간 학생 대표 기구인 대의원회 임시회 개최를 알렸다. 그리고 사전에 자료를 공유하여 검토 후 회의에 참석할 수 있도록 여건을 조성하였다. 2014년 학생자치회 준비 위원회에서 마련한 초안을 바탕으로 일차적으로는 학급 회의, 이차적으로는 학년 회의를 거쳐 대의원회에서 최종 이견을 조율하고 종합하여 내용을 수정 및 보완했다. 개정하고자 하는 내용, 목적, 향후 방향을 토대로 해당 안건을 표결에 부쳤고 재적 대의원 과반의 동의를 얻어 '가결'됐다. 이로써 학생들이 능동적으로 참여해 만든 생활 규정 초안이 완성된 것이다.

다음 단계로는 하나의 관문이 남아 있었다. 학생 생활 규정 개정에 관해 최종 결정 기구의 합의 과정을 거치는 것이었다. 따라서 학부모, 교사, 학생으로 구성된 생활 규정 개정 위원회 개최를 건의하였고 시간을 확보하여 위원회를 열었다. 2월 10일 오전 10시부터 오후 4시까지 장시간 마라톤 회의가 이어졌다. 위원회 개최 전에 필자가 했던 발언이 있다. "학생들을 믿어 주세요. 그리고 함께 손을 잡아주세요. 바꿔 보겠습니다." 필자는 자신 있게 얘기했고 위원회에 참석했던 분들은 미소로 화답해 주셨다. 무슨 의미였을까?

개정안을 꼼꼼히 살피며 위원회 개최를 건의한 당사자인

필자는 누군가가 "왜 바꿔야 하는지?", "무엇이 문제인지?" 등을 질문하면 막힘없이 설명하고 어필했다. 당시 함께했던 선생님과 학부모님들도 학생들의 이러한 노력과 움직임에 놀랐고 오히려 공감과 기대감을 갖고 계셨다. 오랜 시간 끝에 나온 개정안 결과는 '가결'이었다. 결과적으로 하고자 했던 목표와 학생자치회의 초석을 다진 것이다. 이 이야기는 여기서 그치지 않는다. 1장에 이어 2장, 3장, 4장에서도 이어질 것이다. 이 같은 내용은 다음에 이어질 내용의 뒷받침 근거가 된다. 지금도 다사다난했던 그 일들을 기억해 주는 분들이 많다. 선생님, 선배, 후배, 친구들. 필자는 늘 이렇게 답한다. "나 혼자였다면 힘들었다. 물론 끝까지 포기하지 않고 하고자 했던 준비와 의지는 있었지만, 학생들 스스로가 바꾸고자 했던 학생 중심이 되는 학교 문화에 대한 갈망이 없었다면 불가능했었을 것이다."

이처럼 필자가 독자들에게 전하고자 하는 내용은 다음과 같다. "준비된 리더는 목표에 대한 '완성'을 이끌어낼 수 있다." 완성에 다가가기 위해 때론 난항을 겪을 수도 있고 때론 그 난항을 이겨낼 도전이 필요할 때도 있다. 누군가를 대표한다는 것은 큰 부담감과 걱정이 앞선다. 그러나 그 앞에는 완성이라는 목표가 있고 그것을 달성하기 위해 도전하게 된다.

이런 과정들을 겪다 보면 어려움을 이겨내기 위한 과정에 대한 '준비'의 틀을 구성하는 지도를 그려낼 수 있다. 필자에게 학생자치활동은 앞서 말한 많은 것을 경험하게 해 주었고, 필자 스스로 어떠한 도전에 앞서기 전에 준비할 수 있는 내구성을 갖춰 주었다. 그 과정들은 준비된 리더의 모습을 만들어 내는 데 큰 보탬이 되었다. 여러분도 이전의 틀을 깨고 '준비된 리더'의 모습을 갖춰서 여러분이 갈망하는 '학생이 중심이 되는 학교 문화'를 만들어나가는 데 일조하는 선두주자가 되어 보는 것은 어떨까?

2
조직 운영, 목표부터 그려 보기

<학생회장단 선거 공약 포스터>

여러분은 꿈을 이루기 위해서 어떤 준비를 하는가? 꿈을 꾸기는 쉽지만, 성취하기까지의 과정은 생각만큼 순탄하지 않다. 그렇다면 이루고자 하는 꿈에 대한 그림을 먼저 그려 보는 건 어떨까? 가능성이 보일 것이다. 필자가 말하는 '그림'의 의미는 꿈을 위한 '목표'를 정하는 것을 의미한다. 자신이 추구하는 것을 이루기 위해 목표를 설정하는 것과 마찬가지로 조직을 운영하는 과정에도 추구하는 지향점이 있어야 한다.

특히 조직이 추구하여 운영하고자 하는 방향의 틀은 그 조직의 가능성을 보여 준다. 예를 들어, 여러분이 속한 학급에서 반장 선거에 출마한 친구가 A와 B가 있다고 가정해 보자. A 친구는 선거 전에 학급 친구들에게 개별 설문조사를 실시하여 맞춤형 공약으로 학급을 운영하고자 하는 공약을 내세웠다. B 친구는 학업에 지친 친구들에게 힘을 보태기 위해 매달 햄버거를 간식으로 제공하겠다는 공약을 내세웠다. 과연 여러분은 누구를 선택할 것인가? A 친구는 뚜렷한 방향성과 구성원이 추구하는 공약으로 실천 가능성에 대한 과정과 뚜렷한 목표를 보여 주었다. 한편 B 친구의 공약은 듣기에는 솔깃하지만, 햄버거를 제공하기 위한 자금은 어디서 충당할 것이며, 제공 횟수는 몇 회인지 등이 불분명하다.

즉, 목표가 명확하지 않다.

이처럼 제대로 된 목표 의식에서 나온 확고한 신념과 의지는 상대에게 신뢰를 줄 수 있다. 또한, 그에 대한 확실성을 보여 줄 수 있다. 따라서 누군가를 대표하는 '리더'가 되고자 한다면 그 조직이 필요로 하고 추구하는 방향에 관한 내용을 파악하고 종합하여 그 '목표'가 될 그림을 먼저 그려 볼 것을 권한다.

필자는 학생회장에 선출되면서 학생자치회의 '중점 정책 기조'를 내세웠다. 중점 정책 기조란 '중심이 되는 정책의 기본 방향'이라고 보면 된다. 즉, 운영 목표인 셈이다. 필자는 정책 기조의 큰 틀로는 '문턱은 낮추고, 신뢰는 두텁게'라는 학생자치회의 슬로건으로 포부를 드러냈다. 그 포부를 뒷받침하기 위한 사항들로는 세 가지 사항을 중점 방향으로 두고 조직 운영 채비에 나섰다.

첫째로는 '소통과 화합'을 강조했다. 그동안 학우들과 학생회 사이에 닫혔던 문을 여는 첫 단추였다. 거리감을 느끼게 했던 학생자치회의 모습을 탈피하고 본연의 모습을 찾아서 다정다감한 면모로 신뢰를 다져 나가겠다는 한 가지 방법이었다. 따라서 학생 생활 규정 중 '조직 운영 체계 개편'을 통해 소통 전담 부서인 '언론활동부'를 신설하고 '학생회 활동

홍보 체계 구축', '소통과 화합 실현 구상', '교내 월간지 발간' 등의 운영 방침을 내세웠다.

소통 방식으로는 'SNS'를 활용하여 학생자치회 페이지를 만드는 것부터 시작했다. 정기적으로 다뤄지는 의제들을 공유하고 학우들의 생각을 묻고 답하는 식으로 1대1 맞춤형 소통 서비스를 제공했다. 또한, 공개적인 공유 방식의 소통 창구와는 별개로 최대한 '익명을 보장'하여 자신의 의견을 개진할 수 있는 프로그램도 운영했다. 당시 이 방식은 선풍적인 인기를 끌었다. 익명을 보장하는 만큼 학우들이 바랐던 학교 문화, 깊게 알지 못했던 교내 상황, 학우들이 바라는 학생자치회의 모습 등을 학우들에게 생생하게 전달받을 수 있었다.

이렇게 받은 내용을 토대로 기존에 짜인 틀보다는 학우들이 바라는 학교 문화를 조성하는 데 일조해 나갔다. 진심 어린 충고와 조언은 학생회 임원의 긴장감과 책임 의식을 강화하는 데 한몫했다. 또한, 학우들에게 더욱 질 좋은 정책을 선보이는 데도 큰 도움이 되었다. 무엇보다도 학교라는 공간의 주체가 '학생'이라는 것을 학생들의 진심 어린 '목소리'를 통해서 실감할 수 있었다.

다른 한 가지 소통 방식은 학우의 소식을 생생하게 전하고 학생자치회가 움직이는 방향을 공유하는 '교내 신문'을 발간하는 것이었다. 이는 서로 상생하며 화합하는 분위기 형성에도 이바지했다. 언론활동부는 기자단으로 활동할 부원들을 꾸려 독립적으로 운영할 수 있도록 자율권을 보장하였다. 학생회 내부의 개입 없이 부서 내에서 부원들과 함께 기사 내용 구성 범위를 정하고 그에 걸맞은 주제를 선정하는 등 자율적인 분위기 속에서 다채로운 이야기들을 들려주었다.

교내 신문에서 가장 중심이 되었던 내용은 학생들이 능동적으로 움직이는 모습들을 주로 담아내는 것이었다. 학생자치회 운영 동향, 동아리 운영 성공 사례, 학교생활 모범 실천 사례 등을 취재하여 내용으로 구성하여 소식을 전하였다. 직접적인 대면을 통해 대상자들을 만나 취재하며 당사자들의 생생한 경험담을 전한 것이기 때문에 모두 더욱더 공감할 수 있었다. 학교가 변화하고 있다는 것을 학생들 스스로가 느끼게 되었다. 필자는 중점 기조의 첫 번째 방향을 제시했던 '소통과 화합'이 학생자치 실현의 가능성을 열어둔 '활주로'가 되었다고 말하고 싶다.

둘째로는 '학생 복지'의 기틀을 마련하는 것이었다. '복지'라는 말이 즉각적으로 다가오지는 않을 것이다. 복지라는 단어가 폭이 넓고 다양한 분야를 다루고 있기에 명확하게

정의 내리기가 쉽지 않다고 생각하는 이들이 많으리라 본다. 따라서 필자는 학생 복지를 어렵게 규정하지 않았다. 학생들에게 '내 집처럼 편안한 학교, 그래서 가고 싶은 학교'를 만드는 것을 학생 복지의 시작점으로 보았다. 학우들이 실생활에서 불편을 느끼는 부분, 개선하고자 하는 부분, 정책으로 반영하고자 하는 일들이 곧 복지 실현의 일환이 되리라고 생각했다.

필자는 학생회장으로 임명되고 제일 먼저 학생 인권 강화를 원초로 사회적 약자에 대한 인권과 권리 침해를 보호하기 위한 제도를 보완했다. 상·벌점제 항목에 학생 복지 관련 항목을 새롭게 만들고, 사회적 약자를 보호하기 위한 단계적인 징계 양정 기준도 강화에 나섰다. 그리고 학생 복지 분야에 대한 개선에 길잡이 역할을 한 학우들을 포상할 수 있는 제도 또한 강화하였다. 매년 상반기와 하반기에 있는 모범 학생과 학생회 임원의 업적에 따라 수여할 수 있는 포상 평가 규정을 정하기도 했다. '학생 복지 신장 기여도'에 대한 기준을 포함하면서 해당 학생들은 학생자치회 심사를 통해 학교장 표창을 받을 수 있는 '추천 할당제'를 도입한 것이다. 누구보다 가까이 있는 친구들에 의한, 명목이 아닌 실질적인 근거를 바탕으로 이뤄진 추천과 학생들이 자율적으로 편성한 평가 규정을 토대로 이룬 것이다.

특히 한 가지 가장 인상 깊었던 복지 정책이 있다. 필자가 다니던 학교가 시골 학교이다 보니, 하교 후 집으로 돌아가야 하는 차편과 집안 사정으로 학원에 다니지 못하는 친구들이 있었다. 그런 친구들을 위해 '또래 멘토링'이라는 프로그램을 시범 운영했다. 시범 운영으로 1학년 후배들을 대상으로 실시한 복지 정책이었다. 방과 후 자율학습 시간을 활용했기에 시간적, 공간적 제약이 없어서 학생들에게는 참신하고 부담 없이 프로그램에 임할 수 있는 여건이었다.

또래 멘토링은 다음과 같이 실시했다. 사전에 학년회를 통해 신청 접수 기간을 갖고 부족한 부분을 채우고자 하는 과목들을 분류해 냈다. 그리고 멘토는 분야별로 특화 과목 능력을 고려하여 지원을 받아서 선정했다. 의외로 많이 관심을 가져주었다. 멘토 선정 후 사전에 지원받은 멘티들을 과목마다 특화된 멘토와 이어 주었다. 여기서 변수는 멘토와 멘티가 같은 학년이라는 것이었는데, 실제로 해 보니 전혀 서로에 대한 거부감이나 열등감은 있지 않았다.

보통 동급생끼리 공부하다 보면 경쟁심리에 의해 서로 견제한다거나 정보를 공유하는 것을 꺼릴 수 있으나, 서로 만나 학습 시간을 가진 멘토와 멘티들은 서로에 대해 알아 가는 시간을 통해 더 돈독해졌다. 오히려 자신의 능력을 보완할 수 있는 프로그램이었다고 긍정적으로 평가하였다. 멘토 입장에서는 복습 차원에서 한층 더 학습 효과를 높일 수 있었고, 멘티 입장에서는 부담 없이 질문하며 학습 분위기에 흥미를 느낄 수 있었기 때문이다.

더불어 학생들 스스로 면학 분위기 조성에 앞장서는 모습을 보니 대견했는지 선생님들 또한 지원을 아끼지 않으셨다. 비어 있는 교실을 내주시기도 했다. 또한, 멘토와 멘티가 학습 중 미해결 문제를 들고 찾아왔을 때 모범 답안을 제시해 주시는 등의 관심을 통해 학생들의 움직임에 함께해 주셨다. 이렇게 학우들의 학습 여건 개선책으로 시행된 '또래 멘토링' 정책은 학생 스스로 만들어 간 우수 정책으로 선정되었다. 이에 대한 공로로 해당 정책을 함께 구상하고 담당했던 학생들에 대한 학교장 표창을 추천하기도 했다. 이는 정감 있는 학교 면학 분위기의 전환점이 되기도 했다.

필자는 '복지'라는 분야가 참 넓으면서도 가까이 있는 존재라고 생각한다. 앞의 사례처럼 실생활의 불편과 상황을 고려하여 편의를 제공하고 이를 통해 행복과 만족을 채워 줄 수 있는 일들이 복지라고 생각한다. 하지만 필자가 말하는 복지는 물질적, 양적 복지와는 전혀 무관하다는 것을 독자들은 알았으면 한다. 매번 학생회장 선거에서 한 번쯤은 들어봤을 법한 복지 공약인 과욕과 물질에서 오가는 양적인 복지가 아닌, 질적으로 비용 부담 없이도 만족할 수 있는 복지 정책들을 따져 보길 권한다. 그것이 참된 학생 복지 실현의 지름길이 될 것이 분명하기 때문이다.

세 번째 정책 기조는 '문화 활동 양성'을 내세웠다. 그리고 이를 견인할 부서로 '문화 활동 양성부'를 신설하였다. 교내 문화 활동에 기반을 두어 '생동감 넘치고 정감 있는 학교 문화'를 갖추기 위한 움직임이었다. 등교 시간에 맞춰 도착하기 위해 이른 아침 시골 마을 어귀에서 버스를 타고 학교로 향하는 친구의 무거운 눈꺼풀, 빡빡한 수업 일정으로 지쳐 가는 친구의 한숨 소리, 지루하고 따분한 학교에서 밖으로 나가고 싶어 하는 친구들의 마음이 필자에게 고스란히 느껴졌다. 하교 후 집으로 돌아갔을 때 거울을 보면 필자의 모습도 웃음기보다는 푸석푸석한 얼굴에 지친 기색이 일상이었다.

우리에게 있어서 학교는 하루의 절반 이상을 머무는 집 이상의 공간이다. 그런 학교에서 "장시간을 보내고 집으로 돌아오는 동안 행복했는가?"라고 물으면 대부분 "힘들었다. 아… 내일은 뭘 하면서 버티지?"라고 말하며 한숨만 내쉴 것이다. 필자는 그런 친구들의 마음을 위로해 주고 집으로 돌아가는 길이 가벼웠으면 하는 바람을 가지고 있었다. 학교가 머물고 싶고 또 가고 싶은 '내 집'처럼 되길 원했다.

그래서 시작했던 것이 학생들이 주체가 되어 만드는 학교 행사였다. 정규 수업 시간을 제외한 자투리 시간을 활용하여 잠시나마 마음 편히 즐기며 웃음을 되찾을 수 있는 여가 시간을 만들자는 취지였다. 이를 위해 사전 설문조사를 실시했다. 학우들이 선호하는 활동을 알아보기 위해서였다. 원활한 설문조사를 위해 각 학급 대표들에게 자문하는 등 의견을 수렴했다. 활동 분야 설정과 선호도에 따라 집계한 통계 자료에 따르면 11개 분야 중 체육 분야인 '체육대회'를 가장 선호하는 활동으로 꼽고 있었다. '체육대회가 왜? 당연히 하는 연중행사 아닌가?'라고 생각하는 사람들이 많을 것이다. 그러나 당시 가슴 아픈 일들이 많았던 나라 사정을 고려하여 엄숙한 분위기 속에서 학교에서는 해당연도에 잡혀 있던 체육대회 행사를 잠정적으로 취소하였다.

사실상 무산으로 확정된 줄만 알았던 체육대회가 설문조사를 통해 가장 선호하는 활동이라고 하니 필자는 당혹스러웠다. 고민 끝에 학생회 임원들과 협의를 거쳐 이견 조율에 나섰다. 매우 혼란스러운 분위기 속에 놓인 과제인 만큼, 학생들이 내린 결정은 소규모로 진행하자는 결론이었다. 기존의 체육대회는 하루 일정을 모두 할애하여 시끌벅적한 축제 분위기 속에서 진행했다. 그러나 이번 체육대회는 사회적 분위기를 고려했다. 그렇게 하여 엄숙한 분위기 속에서 자투리 시간을 활용하여 소음을 최소화하는 방향을 권고한 것이었다. 대회를 치를 시간을 살펴보니 점심시간을 활용하는 것이 적합하다는 결론이 나왔다. 그 시간은 학생들이 여가를 보내기에 적합하고, 특히 점심시간은 교내뿐만 아니라 교외의 사람들 또한 동시다발적으로 움직이는 시간대이다 보니 소음으로 인한 마찰을 줄일 수 있는 시간대였기 때문이다. 선생님들을 찾아가 기획 의도를 밝히고 당시 정세를 고려하여 조율한 결과를 바탕으로 진행하기로 합의점을 도출해 냈고, 2학기 중순부터 진행하기로 했다.

<학생자치회 주관 제1회 교내 리그전 개최>

　본 대회의 명칭은 학교명을 따서 '단백 컵'으로 정하고 자율 규칙에 의해 축구, 피구 등 실내외 종목으로 다양하게 구성하여 장기적으로 진행했다. 약 한 달 정도의 기간을 두고 리그전을 펼치는 경기 형태였다. 기존의 체육대회 진행 방식과는 사뭇 다른 점은 오랜 기간 동안 학생들이 즐길 수 있다는 장점이 있었다는 점이다. 더불어 매주 점심시간을 활용하여 진행하다 보니 교실 안에서 시간을 보내기보다 하나둘씩 운동장에 모여들어 다 함께 어울려 응원하고, 얼굴을 마주 보며 이야기하는 시간이 늘어났다. 그 기간 동안 친구

들의 얼굴에는 지친 기색보다 자연스레 웃음꽃이 피어나고 있었다. 무엇보다도 이런 분위기가 지속되다 보니 등교하는 친구들의 모습이 한결 가벼워 보였다. 웃음꽃이 피는 학교. 필자를 비롯한 구성원들이 늘 그리던 모습이 현실로 드러나고 있었다.

이 외에도 필자는 '문화 활동 양성'을 공약으로 내세우면서 10건 이상의 교내 대회 및 프로그램을 추진한 바 있다. 단순히 공약을 지키기 위해서라기보다 학우들이 원하고, 함께했기에 가능했다고 본다. 1년간의 노력은 학교의 분위기를 바꿔놓았다. '생동감 넘치는 학교', '참여하는 자율문화', '함께 가는 배려'의 모습을 보여 주었다. 가장 큰 보람이었다.

리더가 조직을 성공적으로 이끌기 위해서는 '목표'가 있어야 한다는 것을 말하고 싶다. 뚜렷한 목표는 지도와 같다. 가끔 주변의 운전자들이 내비게이션에 현혹되어 기계에서 나오는 멘트만 옳다고 믿고 따라가다가 길을 헤맸다는 얘기를 들어 본 적이 있을 것이다. 결국, 지도를 보고 길을 찾는 운전자와 내비게이션을 통해 길을 찾는 운전자의 차이는 자신이 가고자 하는 방향에 대한 올바른 '확신'이 있느냐, 없느냐를 말하는 것이다. 내비게이션을 통해 길을 찾는 운전자는 무조건 목적지에 제시간 안에 도착할 수 있다는 보장이 없다. 그러나 지도를 보고 길을 찾는 운전자는 자신이 가야 할 방향에 대한 확신이 있기에 제시간에 성공적으로 목적지에 도달할 확률이 더 높다. 더욱이 한 조직을 이끄는 리더라면 뚜렷한 '목표 설정'을 하는 것이 나아갈 방향에 대한 확신을 갖게 한다. 더욱이 조직 운영의 성공을 좌우한다.

누구와 함께 일할까?
-회장이 마음대로 뽑을까?

"인사(구성원을 임용, 해임 등을 하는 일)는 만사다."라는 말이 있다. 사전적인 해석에 따르면 '인재를 잘 등용하여 적재적소에 배치함으로써 모든 일에서 제대로 능력을 발휘할 수 있게끔 하여 일이 잘 풀리게 하다.'를 뜻한다. 한마디로 사람을 잘 발탁하는 것이 중요하다고 콕 짚어서 말하는 것이다. 우리는 이 말을 주변에서 들어 본 기억이 한 번쯤은 있을 것이다. 특히 매스컴에서는 매번 새 정부가 출범할 때마다 인사 문제를 중점으로 다룬다. "인사 실패다.", "검증이 더 필요하다.", "자격이 없다." 등의 보도들을 듣고 보며 여러분은 어떤 생각을 해 보았는가. 당시의 내용을 떠올려 본다면 필자가 무엇을 얘기하려는지 짐작이 갈 것이다.

그렇다. 필자도 학생회장에 당선된 후 제일 먼저 검증대에 오른 부분이 '인사'였다. 과연 누가 각 부서의 장들로 발탁될 것인가? 학우들이 신뢰하는 학생회를 만들기 위해서 내부 구성원들이 어떤 인물들로 구성되는지가 화두였다. 필자는 초반부 조직 인적 구성의 목표로 차별 없는 인사를 진행하겠다고 밝혔다. 당시 문과와 이과로 나뉜 구조 속에서 선출된 회장이었던 필자는 문과 소속이었다. 그 때문에 인사과정에서 문과 출신의 학생들이 학생회에 편중될 가능성이 크리라는 주장이 잦았다.

따라서 인사 과정에 두 가지 제안사항을 두었다. 하나는 중책 부서의 장을 지명하는 과정과 각 과에 맞게 학우들의 진로를 고려하여 기회를 얻게 하는 지명 방식이었다. 중책 부서의 경우, 회장단과의 호흡을 맞출 수 있는 인재가 있어야 한다고 생각했다. 이에 회장단 협의를 거쳐 중책 부서의 경우 그간 개혁 과제를 함께 고민해 온 사람 중에서 선발하기로 했다. 이 부분은 회장단의 중점 공약 사항을 이행할 부서인 만큼 각 분야에 대해 함께 생각을 나눴던 사람을 선발하는 것이 가장 적합하다고 판단했기 때문이다.

<학생자치회 임원 선발 면접>

  그 결과 7개 부서 중 문화, 복지, 학생회 신뢰 기반 구축을
이행할 5개 중점 부서는 문·이과 구분 없이 회장단이 직접
검증하는 과정을 통해 선발하게 되었다. 나머지 2개 부서의
경우 학생들의 진로를 고려하여 문과 1개 부서, 이과 1개 부
서로 나눠서 선발 공고를 띄웠다. 부서의 경우 신설된 부서
와 기존에 있었던 부서를 문과와 이과 성향에 맞춰서 지원
을 받았다. 그리고 지원서와 면접을 통해 검증하는 과정을
거쳤다. 선발 과정에 있어서 1차 서류 심사에는 자기소개,
회장단의 운영 방향, 해당 부서 운영 계획, 학생회의 재도약

준비 사항을 중점으로 기술하도록 하였다. 중점 부서 또한 서류 심사는 필수로 거쳐야 했다. 서류 심사에 이어 2차 면접 과정이 남았다. 면접 과정에서는 편파적인 과정을 배제하고 공정한 시각에서 바라보고 평가하기 위해 지난 학생회에서 활동했던 선배를 면접 자문위원으로 위촉했다.

이러한 과정은 기존의 틀을 벗겨내기 위한 과정이었다. 이전에는 새로이 학생회장단이 선출되기 전부터 각 부서의 자리는 이미 내정되어 있다는 이야기가 떠돌곤 했다. 능력보다는 친분을 따지고, 공적보다는 사적인 것을 먼저 보아 내정하는 방식은 그야말로 관행으로 자리 잡혀 있었다. 그러다 보니 명패만 있고 허수아비 역할을 하는 임원들이 비일비재했다. 해당 부서장이 해야 할 업무도 제대로 파악하지 못한 채로 말이다. 이러한 방식의 고리를 끊기 보다는 계속 이어져 내려왔으니 학생자치회의 모습은 '그들만의 리그'로 비칠 수밖에 없었다.

필자는 이와 같은 사실을 묵인하고 싶지 않았다. 임원을 선발하는 일에도 변화가 있어야 한다고 생각했다. 혼자서 제아무리 좋은 비전과 아이디어가 있다 한들 함께 뜻을 모아서 실천에 옮길 사람이 없다면 결국 휴짓조각이 되어버린다. 따라서 필자는 '인사'가 조직의 성공과 실패를 좌지우지할 수 있다는 것을 생각했고, 인사 실패를 미연에 방지하고자 전례 없던 인사 방식의 틀을 바꿔 놓기로 했다.

　서두에서 제시했던 지원서를 통해 1차 과정을 거쳐 2차 면접 과정까지 통과해야 하는 깐깐한 방식을 고수했다. 지원서를 받았던 이유는 지원자에 대한 신중함과 목표 의식을 보고자 했기 때문이다. 필체, 일목요연한 표현 방식, 자신이 하고자 하는 일들 등을 주로 보았다. 여기서 의문이 들 것이다. '필체'를 평가 대상으로 여긴다? 필자는 지원자의 필체를 그 사람의 '성격'으로 보았다. 필체를 보면 대충 작성한 것인지, 아니면 하나하나 꼼꼼히 따져가며 작성한 것인지 분별할 수 있기에 그 사람의 성격까지도 체크해 볼 수 있기 때문이다.

언론활동부 질문지

		학번/이름

구분	순번	질문	1	2	3	4	5	합계
자질	1	1~3분 동안 자기 자신을 소개해보세요.						
	2	2014 학생회의 중심이 되는 방향을 알고 있는가? 알고 있다면 그에 대해 부서를 떠나 전체적으로 회장단이 학생회운영을 순조롭게 이행할 수 있도록 자신이 어떤 역할을 할 준비가 되어 있는가?						
	3	자신이 생각하는 언론의 역할은 무엇이라 생각하는가? 이유는?						
	4	평소 언론활동에 관심이 있었는지? 그렇다면 어떤 활동을 펼쳐왔는지? 무엇을 느꼈는지?						
	5	교내 또는 학생회 기사를 작성하게 된다면 주로 어떤 소재의 기사를 담고자하는지?						
	6	언론활동부가 만들어지게 된 계기가 무엇이라 생각하는가? 그렇다면 어떤 활동을 펼치는 것이 적합하다고 생각하는가? 또 어떻게 운영할 계획을 가지고 있는가?						
자세 (의지)	1	학생회 신뢰를 위한 방안을 모색하고 있다. 그에 대한 언론활동부의 역할이 클 것으로 예상된다. 언론활동부에서 이 부분을 극대화 할 수 있는 좋은 방법이 있다면? 이유는?						
	2	언론 활동부 부장이 되어 꼭 하고 싶은 활동이 있는지?						
	3	자신의 장점과 단점이 무엇이라고 생각하는지?						
	4	그 장점으로 인해 학생회에 어떤 도움을 줄 수 있는지?						
	5	자신이 생각하는 학생회는 무엇이라 생각하는가?						
인성	1	어떤 성격의 소유자인가요?						
	2	평소 자신의 학교생활을 평가해 점수로 매긴다면 몇 점인가요? (0~100)다른 사람의 입장에서 듣는다 해도 자신의 대답을 자부할 수 있는가?						
	3	자신을 사물에 비유한다면 무엇에 비유할 것 입니까?						
	4	무엇을 할 때 가장 보람을 느끼나요?						
	5	자신이 생각하는 봉사란 무엇이라 생각하는가? 이유는? 마지막으로 모범부문에서 인정받은 적이 있다면 그 사례를 말씀해 주시겠어요?						
기타	1	학생회의 문제점은 무엇이라고 생각합니까?						
	2	그 문제점을 개선하기 위해 학생회가 해야 할 노력은?						
	3	기본이 바로선 학생회를 만들기 위한 첫걸음은 무엇이라 생각하는가? 이유는?						
총평				총합				

<당시 면접 질문지 예시>

서류 심사 과정을 거쳐 면접이 이뤄졌다. 면접은 지원자의 자세와 회장단과의 호흡을 중점 심사 요소로 하여 심층 면접을 진행했다. 필자는 현 학생회의 문제점의 핵심을 잘 알고 있는가를 면접 과정에서 가장 눈여겨봤다. 가장 기억에 남는 하나의 일화가 있다. 한 지원자의 솔직 담백한 고백이었다. 필자가 "현시점에서 학생회의 가장 큰 문제점이 무엇이라 생각하는가?"라고 물었더니 돌아온 답변은 다음과 같았다. "너무 소통 없이 나간다. 그러다 보니 학생회가 학생들의 신뢰를 얻지 못한다는 말을 들을 수밖에 없다. 소통이 절실히 필요하다." 한마디로 풀어서 말하자면 '존재감 없는 기구'로 전락했다는 것과 다름없었다. 한편으로는 따가운 채찍이었고, 다른 한편으로는 학생회의 앞날을 걱정하며 솔직한 심정으로 함께 뜻을 모으고자 나서는 사람이 있다는 것을 보고 아직은 희망이 있다는 것을 느꼈다. 이렇게 빈틈없는 검증 과정을 거쳤기에 무탈하게 학생회의 재도약의 길은 쉽게 트일 것이라고 자부했다.

하지만 문제점이 발생했다. 전반기 활동이 마무리될 때쯤 하여 방학이 지나면서부터 초심과는 다르게 자신의 자리를 태연하게 바라보는 임원들도 일부 있었다. 방학 동안에 학교를 출입하는 일이 줄어들어 책임의식이 해이해지지 않도록

해야겠다고 생각했다. 필자는 부서장들에게 방학 동안 다음 학기에 이행해야 할 사업들을 직접 검토하고 준비하여 해당 문서를 넘겨달라고 당부했다. 그러나 일부 부서들에서 처음 자신이 가졌던 마음가짐과는 다르게 나태해진 우려했던 모습들이 보이기 시작했다. 부장들이 차장에게 일을 떠넘겨 책임을 전가하는 일부터 시작하여 차장은 본연의 임무를 망각한 채 부장이 시키는 일에만 전념하는 직책으로 바라보는 시선들이 생겨났다. 이로 인해 나타난 해이해진 모습은 다음 학기 개학과 동시에 그대로 나타났다. 그저 지금껏 그래 왔듯이 부서장 임명은 기한이 1년으로 정해져 시간을 보장받았다고 생각하여 당연히 아무 일 없이 흘러갈 것이라고 여긴 까닭이 아닐까 싶다. 임원들의 예상과 달리 그 책임은 고스란히 감수해야 했다.

나태해진 학생회의 기강을 바로잡고자 '학생회 사무 감사 활동(조직 재정비를 위한 업무 평가 제도)'을 실시했다. 조직 기강 확립을 위해 도입한 제도였다. 이전까지만 해도 방치에 가까운 수준으로 "어떻게든 굴러가겠지.", "나는 분명 차장에게 업무 분담시켰는데?"라고 하는 식으로 책임을 전가하는 일들이 벌어져 왔다. 이를 바로잡을 만한 방책은 따로 마련되어 있지 않았다. 따라서 이 제도가 인사 방식의 틀을 바꾸는 계기가 될 것이었다. 감사는 다음과 같이 이뤄졌다. 전담 부서에서 기강 해이와 책임 전가를 일삼는 부서에 대한 공개 조사를 하여 업무 적합도와 사업 이행도를 평가했다. 이 과정에서 평가 기준 점수에 도달하지 못하는 부서에 대한 책임을 묻고 그에 상응하는 징계를 내렸다. 감사 제도 도입에 대한 세부 이야기는 이 책 후반부의 '감사 활동'을 주제로 한 내용에서 더 자세히 언급하고자 한다.

이렇게 치러진 감사 과정에서 해임된 부서장들의 자리는 공석이 되었다. 이 자리를 채우기 위해 다시 고민할 수밖에 없었다. 필자는 능력과 재능을 겸비한 사람이 공정하고 평등하게 평가받는 인사 과정을 추구해 왔다. 그러나 이미 그 틀은 깨졌다. 필자도 수년간 이어온 인사 관례를 따르고 있었다. 바로 '학년별 자리 나눠주기식'의 선발 방식이었다. 학년을 초월한 능력보다는 부장은 무조건 회장과 동급생인 3학년, 차장은 부회장과 동급생인 2학년으로 당연하다는 듯이 정했다. 그러다 보니 자연스레 학생 사회에도 '서열주의'가 존재하게 되었다. 결국, 이 문제가 서두에서 밝힌 인사 문제의 원인으로 작용했다고 봐도 과언은 아니라 본다.

필자는 새로운 방식을 추구했다. 공석인 부장 자리에 학년 구분 없이 지원할 수 있는 조건을 달아 놓은 것이었다.

파격적인 선발 방식이었다. 기존의 틀을 깨고 능력과 의지가 있는 사람들이라면 누구나 도전할 수 있는 기회를 주고 싶었다. 처음에는 눈치를 보던 후배들도 있었다. "정말 지원해 볼 수 있는 것인지?", "지원하면 떨어질 게 분명하다." 등 의심 아닌 의심을 하고 있었다.

그러다 보니 지원자가 생기지 않았고 결국 지명인사로 방식을 돌려 암행으로 후보자를 찾기 시작했다. 평소 필자가 눈여겨 왔던 후배 중 행실과 주변의 평을 들어보며 몇몇 후보를 물색했다. 그 후 회장단 회의를 거쳐 그중 한 명을 직접 찾아갔다. 다름 아닌 2학년 후배였다. 처음에 이 후배는 거절하며 무엇인가 부담감을 느끼는 모습을 보였다. 예상했던 바이다. 필자는 그 후배에게 말했다. "나와 뜻을 같이해 보자. 충분히 잘 해낼 수 있을 거야! 같이 변화시켜 보자! 내가 많이 도울게." 이 후배는 학생회 활동이라곤 한 번도 경험해 보지 못한 친구였다. 부담을 덜어 주고자 했다. 필자가 추구하는 방향과 왜 본인을 선택하게 됐는지를 조목조목 설명했다.

그러자 그 친구는 머뭇머뭇하더니 다시 제안 일주일 후에 답을 주었다. "부족하지만 같이 해 보겠다. 많이 도와 달라." 필자는 후배에게 이렇게 당부했다. "너와 같은 많은 후배가 이번 부서장 임명 과정에 의심과 부담을 느낀다. 은연중에 선후배가 있어야 할 위치를 구분 짓고 있는 것 같다. 그러나 그렇지 않다는 것을 보여 줘라. 하고자 하는 의지와 능력을 갖춘 사람이라면 학년을 막론하고 누구에게나 동등한 기회가 있다는 것을 이번 기회에 네가 보여 줘라. 더 많은 친구에게 기회를 줬으면 한다." 그 후 해당 후배를 선임하여 공석이 된 부서에 부장으로 임명 건의를 했다. 이번에 바꿔 놓지 않는다면 관례가 되어버린 기존 선발 방식의 문제점으로 인해 향후 나타날 문제들이 똑같이 반복되어 다시 발목을 잡을 것이 분명했기 때문이다.

임명안은 처리되었다. 이후 부장으로 임명된 후배와 중단되었던 해당 부서의 사업을 재검토하고 복지부동 상태의 부서 내부 분위기를 정돈해 나가는 데 힘썼다. 생각보다 분위기를 전환하는 데는 오랜 시간이 걸리지 않았다. 이 배경에는 다른 한 가지 사항을 맞춰둔 덕택이 아닐까 싶다. 7개 부서에 각각 10명 내외로 부원들을 둘 수 있도록 학생회 규정에 포함한 내용을 학칙 전면 개정을 통해 만들어 놓았다. 부장이 자율적인 권한을 갖고 부원을 선임하여 위촉 건의를 할 수 있도록 하는 규정을 자율 규칙으로 만들어서 이행했던 것이다. 따라서 규정을 명분으로 공석 부서 정비 차원에서 새로이 임명된 부장의 권한에 따라 선후배를 막론하고 함께할 부원들을 새로이 위촉하여 부서를 꾸렸기에 단기간에 자리를 잘 잡을 수 있었다.

생각해 보니 이 규정이 그 당시 필자가 생각하는 인사 방식과 맞아떨어진 것 같다. 하고자 하는 의지와 잠재된 자신의 역량을 누군가에게 나눠 주고자 하는 사람들은 누구나 학우들을 위해 일할 기회를 마련하고자 하는 것이 목표였으니 말이다. 이러한 변화를 통해 향후에도 관례라는 명목으로 단행되던 인사의 틀을 깨고, 공정한 과정과 기회가 평등한 탕평인사 방식이 자리매김하도록 일조했다.

변화가 없던 학생회 인사 방식 틀에 얽매여 도전조차 어려웠던 현실 속에 꿈을 접어야 했던 순간들은 '좋은 사람'을 놓치게 했다. 그저 자연스럽고 당연하게 이루어졌어야 했을 일들인데 말이다. 필자는 시간이 지났음에도 현재도 종종 학생회에 몸담은 후배들을 만나 소통하며 작게나마 도움이 될 만한 생각들을 공유하곤 한다.

필자는 독자들에게 한 가지 당부하고자 한다. 모든 인사 과정에는 충분히 변수가 있기 마련이다. 필자는 이러한 부분들을 극복하고 '좋은 인사'를 단행하기 위한 조건 중 가장 중요하다고 생각하는 부분을 독자들에게 당부하고자 한다.

'고정관념을 버려라.' 앞서 말한 것처럼 고정관념에 의한 인사 실패는 조직 기강 해이의 가장 큰 원인이라고 본다. 어느 조직이든 관행이 있을 것이다. 고정관념에 의한 관행을 따르다 보면 리더의 주관과 판단력이 흐려진다. 그뿐만 아니라 관행에 벗어나지 않고 따라야 한다는 생각 때문에 조직이 나아가야 할 방향 속도가 더뎌지며 조직 기강이 해이해지는 주요 원인이 된다.

결과적으로, 틀에서 벗어나지 못하는 우물 안 개구리에 그치고 만다. 따라서 이 점에 유의하여 '주도적인 인사'를 통해 폭넓게 다방면의 관점에서 보고, 듣고, 판단하여 좋은 사람을 곁에 두어 함께 공감대를 형성해 가는 것이 중요하다. 그렇게 조직의 기강을 바로 세워 서로가 공동의 목표를 지향하는 방향으로 나아갈 수 있도록 준비된 인재들과 학생 중심의 체계 구축에 일조하길 권해 본다.

4

자치활동,
공동의 가치를 바라보는 것

무한 경쟁 시대에서 경쟁의 달리기는 교육 현장 속에서도 나타난다. 그중 하나가 입시 경쟁이다. 입시는 교육 과정을 거쳐 실력을 검증하는 시험대에 놓이는 인생의 첫 관문이라고 해도 과언이 아니다. 이 시험대를 통과하기 위한 과정은 많은 자격을 요구한다. 성적, 인성, 리더십, 가치관 등 수많은 입시 전형 중 일부는 성적 중심에서 벗어나 해당 특성에 맞는 인재들을 선발하기 위해 '가능성'에 초점을 두기도 한다. 따라서 학생들은 이에 대한 자격 요건을 갖추기 위해 교내외 활동으로 자신을 어필하기에 충분한 여건을 갖추기 위해 노력한다.

대학 입시에서 '가능성'에 대한 자격 조건으로는 '학생자치활동'도 빠질 수 없다. 학생 생활기록부에는 '창의적 체험 활동'에 대한 영역이 있다. 이 영역은 대학 입시에 있어서 개인의 역량과 진로 진학의 연계성을 검증해 볼 수 있는 평가 자료로 활용된다. 특히 대학 입시도 성적 중심에서 인성과 창의성을 겸비한 인재를 추구하는 입시 패러다임으로 변화하고 있다. 이때 해당 영역은 얼굴 한 번 보지 못한 학생들을 평가하는 기초 자료가 된다. 학생자치활동 또한 이 영역에 속한다.

따라서 학생들은 입시 경쟁 속에서 자신에게 가산점이 될 만한 활동들을 찾기 위해 또 다른 경쟁에 나선다. 그러나 몇 년 전 창의적 체험 활동에 대한 활동 범위를 정하면서 학생들은 고민에 빠졌다. 바로 '교내 활동'에 초점을 두라는 것이다. 활동 범위가 정해지기 전까지는 교외 활동도 기록할 수 있도록 하였다. 그러나 광범위한 활동 영역의 부담과 사교육량 증가, 편법으로 기록되는 활동들로 인해 일부 학생들에게 피해가 가기 시작했다. 이에 형평성과 공정한 과정을 통해 얻어지는 일명 '스펙 쌓기'의 범위는 학생들이 주로 생활하는 교내로 축소되었다.

자신의 생활기록부를 가득 메우기 위해서 좁아진 교내 활동 영역에 대한 경쟁이 시작되었다. 필자가 보아온 대부분의 학생은 '자율 활동'에 대한 관심도가 높았다. 이 부분은 대학이 요구하는 인재상에 대한 자격 요건을 갖추기에 개인이 차지할 수 있는 활동 범위가 보장되고, 자신이 하고자 하는 방향에 맞춰서 틀을 조정할 수 있는 맞춤형 활동으로 자리매김해 왔기 때문이다. 특히, 자율 활동 분야는 '동아리장'처럼 여러 방면에서 자신을 어필할 수 있는 활동들이 학생들에게 큰 주목을 받았다.

그러나 동아리의 장이 되기 위한 과정은 다소 까다로웠다. 동아리를 설립하는 과정부터 시작하여 원들을 모집하는 과정과 더불어서 자리를 잡는 데 많은 시간을 할애해야 했다. 반면에 '학생자치회' 활동의 경우 회장보다는 부서장들에게 관심을 보였다. 왜냐하면, 다른 활동 영역의 장들에 비해 투자하는 시간도 적고 자신이 해야 할 일들이 정해져 있었기 때문이다.

따라서 학생자치회 활동은 개인이 활동에 할애하는 시간에 비해 생활기록부에 기재할 수 있는 내용이 뚜렷하게 드러난다. 그리고 다른 활동 영역 대표 학생에 비해 투자 시간이 적었다. 지금껏 학급회를 제외하고 학생회 임원은 회장단에서 선임하는 직책이었다. 즉, 학생들이 보아온 학생회는 친분과 의례적인 선발 과정만 거친다면 가능했다. 때문에 많은 학생이 선망하는 활동 영역이었다. 그러다 보니 개인의 책임보다는 그저 수단으로써 활용되는 모습들이 비일비재했다.

앞서 말한 인성, 리더십, 올바른 가치관 확립 등 학생자치 활동에서부터 민주적 역량을 겸비한 올바른 가치관 확립을 실천하는 것이 자치활동의 목적이라 할 수 있다. 그리고 가치 있는 사회를 구현해 내는 사람으로서 제 역할을 다할 수 있도록 하는 동력의 근본 능력은 자치활동으로부터 키워진다고 본다.

그러나 그동안에는 그 목적 자체가 너무나 변질되었던 것이 사실이다. 학생들의 입시 수단으로 인식되어 버린 학생자치활동, 그중에서도 학생회는 학생들로부터 부여받은 책임과 의무를 저버리고 있었다. 이런 모습들을 볼 때면 늘 안타깝다. 성숙한 사회인으로서 발돋움하기 위한 준비는 바로 가치 있는 경험에서 시작된다고 본다. 이러한 모습들은 학창 시절부터 개인의 책임과 주어진 사명을 뒤로한 채 개인의 영리에 눈이 멀게 만든다. 그 결과로 덧없는 세상의 모습을 그려내는 원인 중 하나로 우리 사회를 병들게 한다.

학생자치활동은 앞서 말한 안타까운 현실 속에 투영된 우리의 모습을 이따금 스스로 깨닫고 반성하게 하는 역할을 하기도 한다. 대화를 통해 상대와 타협하는 소통 방식을 습득하게 한다. 다른 누군가와 머리를 맞대고 공동의 문제를 함께 화합하는 과정에서 상대를 존중하며, 배려와 협력을 통해 동반 성장의 가능성을 만들어내기도 한다. 이처럼 학생자치활동은 경쟁 구조의 모순점을 해소하고, 개인의 충족에서 벗어나서 공동체가 지향하는 방향을 함께 모색하게끔 한다. 추구하는 건전한 시민사회문화의 초석을 다지는 데 이바지할 만한 교육적 가치가 있는 활동이다.

고사성어 중에 '백문이 불여일견'이라는 말이 있다. 이 말처럼 직접 보고, 듣고, 경험하는 과정을 통해 습득해 낸 학습 효과가 향후 우리가 사회에 미치는 영향은 상상 이상이다. 앞서 필자가 말한 염려대로 자치활동을 바라보는 시각들이 분분하다면 앞으로 우리 사회가 추구하는 참된 인성을 겸비한 인재들을 어디서 발굴해 내야 할지 고민에 빠지게 될 것이다. 사회화 과정의 일환인 자치활동은 이런 고민을 해결해 줄 방안이 되어야 한다. 올바른 시각과 가치관으로부터 경험하고 교육받는 과정과 우리가 갖춰야 할 기본 소양들을 간과하지 않은 채 말이다.

그러기 위해서는 자치활동을 바라보는 시각부터 바꿔야 한다. 필자가 말하는 시각은 자치활동 영역을 바라보는 시각 틀이 바뀌어야 한다는 것이다. 꾸밈없는 활동이 되어야 한다. 개인의 목적 달성이 끝나고 나면 버려지는 존재가 아니라, 향후 현재 자신이 하는 움직임을 바라보고 배울 후배들을 생각해서 자치활동 본연의 가치를 상실하지 말라는 것을 당부하고 싶다.

또한, 의식의 변화가 필요하다. 경쟁보다는 공동의 목표를 추구하는 가치관의 의식 변화가 필요하다. 보다 합리적이고 미래지향적인 자치활동을 유도할 수 있는 생각의 전환이 필요하다. 그렇지 않은 개인의 필요에 의한 움직임은 경쟁 구도의 양극화를 야기한다. 그뿐만 아니라 사회를 삭막하게 만드는 원인이 되기도 하며 진취적인 사고를 끌어내지 못한다.

반면에 공동의 목표를 추구하는 움직임은 상대와의 어깨를 나란히 하고 발맞춰 나가 자신과 상대의 생각을 공존하게 한다. 따라서 가치의 재발견을 통해 개인의 삶은 물론이고 사회를 풍요롭게 만드는 지름길이 된다. 이런 움직임들이 개인의 보상에 눈이 먼 시각에서 싹트는 경쟁 구도보다는 공존하여 성장할 수 있는 동반 성장의 수단이 되었으면 한다. 그리고 사회화 뒷받침의 근간으로써 잠시 눈앞에 스쳐 지나가는 단편적인 경쟁 속 일상의 일부분이 아닌, '백년지대계'의 뜻처럼 먼 앞날까지 미리 내다보고 계획을 세울 줄 아는 행동이 선행되어야 한다. 나와 같은 미래를 열어갈 주역들의 단단하고 지속적인 성장 물꼬를 트이게 할 활동으로 바라볼 줄 아는 시각적 틀이 자리매김하길 바란다.

더불어서 학생자치활동이 사회화 과정의 일환이라는 것을 잊지 말고 사회인으로 발돋움하기 위한 준비의 과정들로 분명하게 보았으면 한다. 따라서 학생자치활동이 개인 이기주의에 휘둘려 활용되는 모습은 과감히 벗어나야 한다. 올바른 가치관을 지닌 사회화 과정을 통해 성숙한 시민사회의 문화적 풍도를 조성하는 데 한몫하고, 깨어있는 사회인을 배출하는 데 활용되는 진정한 스펙이 되길 바라 본다.

5

학생이 기획하는
리더십 캠프

'리더십 캠프'는 학생의 자치 능력 함양과 리더의 자질을 갖추는 데 의미를 두고 있다. 그러나 역설적이게도 필자가 그동안 경험해 왔던 리더십 캠프는 가치 있는 요소들을 찾아보기 어려웠다. 줄곧 다녀온 캠프는 학생들이 스스로 기획하고 주도적으로 활동할 수 있는 자발적인 '참여형 리더십 캠프'라기보다는 짜인 각본에 얽매인 프로그램이었다. 또한, 교관의 통제 속에서 프로그램을 진행하는 모습은 마치 병영 캠프에 입소한 기분을 느끼게 했다. 외줄 타기, 담력 훈련, 아침 구보 등 리더십 캠프의 절반은 신체 단련을 하고 왔던 기억뿐이다. 한마디로 리더십 캠프의 본질을 깨고 있었다.

한 사례로 프로그램 중 집단 토론 시간이 있었다. 필자는 그 시간만큼은 기대하고 있었다. 그런데 주제가 이미 정해져 있었다. 학교의 장단점을 약 30분가량의 조별 토의를 통해 종이에 그려서 표현하라는 것이었다. 그 후 교장 선생님을 모시고 발표하는 시간을 가졌다. 그러나 학생들은 장점보다는 단점에 치우쳐 학생들의 처우 개선에 대한 고충 제기가 중심 소재가 되었다. 민원 창구의 표본이라고 해도 과언이 아니었다. 과연 이런 활동들이 자치 능력 함양과 창의적 리더 양성 동력의 기반이 되어 효과를 줄 수 있을지 의문을 가졌던 기억이 난다. 여러분이 경험하고 생각하는 리더십 캠프는 어떤 모습인가?

전하고 싶은 내용은 리더십 캠프의 본질을 되찾아야 한다는 것이다. 리더십 캠프는 자치활동의 출발점이라고 생각한다. 자치활동의 본질을 습득하고, 리더가 갖춰야 할 자질을 배양하는 동시에 조직이 앞으로 나아갈 비전과 방향을 갖추는 단계가 되기 때문이다. 그런 점에서 리더십 캠프에도 자율성이 부여된 '개성'이 필요하다는 것이 필자의 생각이다. 학생들이 스스로 캠프의 목적성을 부여한 주제를 정하고 그에 걸맞은 진행을 유도하는 자치회만의 개성이 담긴 움직임으로 구조 전환이 필요하다.

필자가 경험했던 이전과 차별화된 리더십 캠프는 고등학

교 학생회장이 되었을 때다. 자율성을 기반으로 한 자치회만의 개성이 돋보였다. 학생들이 주체가 되어 앞으로의 비전과 방향을 다듬고 보완하는 가치 있는 시간을 가졌던 것이 기억난다. 사전에 자치회 구성원들과 새로 출범한 학생회가 지향하는 목표에 대한 계획 구상을 부서별로 브리핑 자료를 제작하여 발표하는 시간을 가지기 위해 준비했다. 전례 없던 일인 만큼 서로가 걱정과 초조함을 감출 수 없었다. 그러나 막상 캠프 당일이 되니 생각보다 순조로운 분위기 속에서 모두 자연스레 빠져들었다. 각 부서의 발표가 끝나면 계획과 실현 여부에 대해 피드백을 하는 브레인스토밍 형태의 토의가 진행되면서 심도 있는 고민을 나눈 자리였다.

그러면서 서로 상충하는 정책 간의 개선 내용을 찾아주고 오류를 범할 수 있는 부분들을 미리 바로잡을 수 있는 기회가 되었다. 이에 더해 학생들뿐만이 아니라 선생님들도 함께 하나의 주체가 되어 행정적, 재정적 여건에 부합하는 정책들을 실현해 나갈 수 있도록 바로잡는 길잡이 역할을 해 주셨다. 특히, 자치회의 뚜렷한 목표와 방향을 함께 공유한 만큼 이는 사제 간의 신뢰도를 높이는 데 한몫했다는 평가를 받기도 했다.

학생들의 자율과 개성에 초점을 두고 진행된 당시의 리더십 캠프는 리더의 자질을 갖추고, 조직의 비전과 방향을 공고히 하는 단계로써 캠프 이후의 자치회의 역할을 뒷받침하는 데 크게 기여했다고 본다.

앞서 말한 '자율성이 부여된 개성'이라는 것은 머릿속에서 그려낸 아이디어를 통해 얻어낸 산물로 지향한 바를 스스로 일궈내는 과정을 말하는 것이다. 무엇인가 해 보고자 하는 의지를 바탕으로 서로 머리를 맞대고 고민하다 보면 자연스레 조직의 뚜렷한 개성이 나타난다. 이는 조직을 움직이는 힘의 원천이 되기 마련이다. 그러므로 목표하는 바를 달성하는 데 지나치게 시간을 허비하지 않아도 성취욕이 높아 시야를 넓혀 움직이는 데 시너지 효과를 창출하게 된다.

따라서 리더십 캠프의 본질을 되살리기 위해서는 기존의 틀을 이어온 캠프의 프레임을 바꿔야 한다. 시간 때우기 식의 캠프는 이제 그만! 매번 짜여진 일정 속에서 간섭에 의한 움직임은 학생들의 자율성 제고와 의사 결정의 주체라는 학생 사회의 명분을 저해하는 방식이다. 보여 주기식으로 일정을 소화하는 캠프가 아니라 학생들 스스로가 그리던 바를 마음껏 표현해낼 수 있는 주도적인 리더십 캠프가 진행되어야 한다.

이를 위해 첫 번째로는 학생들의 관심과 생각의 전환이 필요하다. 언젠가 주위 친구에게 이런 말을 들었던 기억이 있다. 학급 실장에 도전하는 이유가 "수업을 빼고 간부 수련회를 가기 위해서."라는 것이다. 이런 가벼운 생각들로 인해 리더십 캠프의 목적성이 흐트러지는 것은 물론이고 학생 사회의 재구조화가 필요하다는 것을 절실하게 느낀다. 이러한 부분들을 해소하기 위해서는 캠프에 참여하는 자격을 부여받은 선출된 사람으로서 학생 사회가 지향하는 바를 다시 한번 챙겨볼 수 있는 의식의 변화를 가져와야 한다. 그리고 그런 의식의 변화들이 싹틀 수 있는 자리가 '리더십 캠프'라고 생각한다. 향후 학생 사회의 역할과 책임에 관한 생각을 다져보는 전환점이 될 기회가 되도록 준비하는 자세가 필요하다.

두 번째로는 '참여형 리더십 캠프'를 위한 선생님들의 움직임도 영향을 줄 수 있다. 자율적인 의사와 주도적 기획으로 학생들의 개성이 뚜렷하게 드러나는 리더십 캠프 운영 형태가 뒷받침될 수 있도록 교사의 개입도 어느 정도는 필요하다. 즉, 소극적 개입을 말하는 것이다. 예를 들어 기존 리더십 캠프 운영 우수 사례 공유와 프로그램을 구성하기 위한 필요조건에 대한 내용을 학생들과 함께 충분히 검토하고, 조율하면서 학생들만의 개성 있는 캠프의 뼈대를 완성해 가는 선생님의 관심도 필요하다. 이 또한 학생들의 개성 넘치는 참여형 리더십 캠프 구현의 구심점이 되는 길이다.

필자가 리더십 캠프의 변화를 추구하는 것은 '첫 단추'의 중요성을 상기시키고자 함이다. 리더십 캠프는 학교를 이끌어가기 위해 준비하는 리더들의 '리허설 무대'라고 본다. 공연에 앞서 배우들은 표를 구매한 관객들에게 실수보다는 완벽하고 감동이 있는 무대를 선보이고 싶을 것이다. 따라서 배우들은 공연 전 리허설을 몇 차례고 반복한 끝에 완벽하고 절도 있는 공연을 선보여 관객들에게 감동을 전한다.

리더십 캠프도 마찬가지다. 학우들이 믿고 뽑아준 학생대표들은 약속한 공약과 리더의 기본 소양을 다지기 위해 리더십 캠프에 참여한다. 즉, 자신을 믿고 뽑아준 학우들에게 보답을 준비하기 위한 과정이다. 그러나 준비 과정이 미흡하다면 그만큼 기대에 부응하는 모습을 보여 주기는커녕 자신을 뽑아준 학우들에게 실망감만 안겨주게 될 것이다. 공연에 빗대자면 관객들은 다시 그 공연을 보러 오지 않게 될 것이고 해당 공연은 극단에서 사라지게 될 것이다.

그렇기에 학생자치라는 무대를 완벽하게 꾸며줄 수 있는 리허설 무대인 리더십 캠프는 학생들의 개성을 추구하고, 자율성에 기반을 둔 활동이 접목될 수 있는 첫 단추가 되었으면 한다. 리더십 캠프의 변화는 곧 학생자치활동의 새로운 도약을 위한 미래 가치의 중추가 될 것이다.

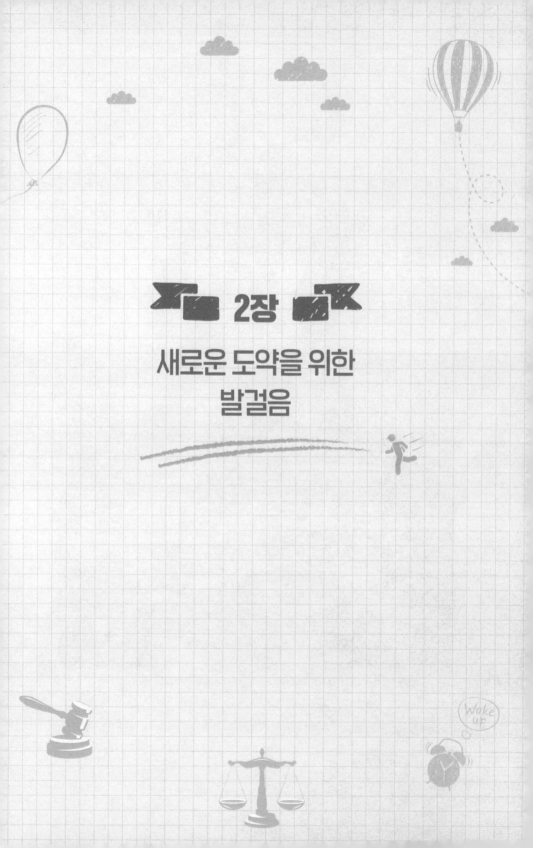

2장

새로운 도약을 위한
발걸음

1

문턱은 낮추고, 신뢰는 두텁게
-개방과 소통의 시작

<방청석 개방 및 학생자치회 사무 감사 진행>

학우들은 소통하는 학생회를 원했다. 필자 또한 이에 동감했다. 얼굴을 마주 보며 서로의 생각을 공유하고 공감할 수 있는 그런 학생회를 늘 머릿속에 그려 왔다. 그러나 현실적으로 학생회가 소통하는 방법은 직접적 소통보다는 간접적 소통이 일반적이다. 늘 공식적인 회의 석상에서 각 학급 실장들이 받아오는 학우들의 견해들을 줄지어 읽어 내려가는 것이 전부였다. 그러다 보니 학생회가 학우들의 생각에 공감하는 능력이 떨어진 것은 사실이다.

필자는 학생회장이 되면서 학생회의 슬로건을 '문턱은 낮추고, 신뢰는 두텁게'라고 정했다. 학우들과의 거리감을 좁히고 유대감을 형성하는 것을 최우선 과제로 생각했기 때문이다. 모든 일은 '신뢰'로부터 시작한다. 그런데 그 문턱은 늘 높아만 보였다. 학생회의 신뢰 기반을 갖추는 일을 위해서는 먼저 문턱을 없애야 했다.

그 일환으로 학생회를 개방했다. 방청석을 마련하고 학우들이 회의에 참관할 수 있는 여건을 조성한 것이다. 학생회 대의원 회의가 공식적으로 잡힌 날이면 회의가 열리기 며칠 전에 회의 일정과 진행 순서 등을 공지하였다. 그 후에 각 학년 장이 사전 신청을 받아 학년별로 분배된 좌석에 선착순으로 방청권을 부여하는 방식으로 진행했다. 대의원회에서 의결된 비공개회의를 제외하고는 학우들이 모든 회의를 자유롭게 참관할 수 있었다.

방청석을 마련하고 처음 학우들이 참관했던 회의는 '학생회 정기 사무 감사'가 진행되는 자리였다. 부서별로 주어진 업무 현황을 점검하고 조직을 재정비하는 취지로 진행되었다. 학생회 정기 사무 감사 관할 부서였던 '기획·평가부'에서 준비한 감사 현황 보고 자료를 방청하는 학우들에게도 한 부씩 공유했다. 그리고 현 학생회의 실태를 투명하게 공개하고 생각을 나누는 시간도 가졌다.

사실 처음에 '방청 제도'를 도입하기 전에는 많이 걱정했다. 주로 학생회 회의는 자투리 시간이 남는 자율학습 시간을 활용하여 진행했다. 그러다 보니 이를 악용하는 경우가 생길까 하여 우려했다. 자습 시간을 빠져나오기 위한 수단이 되어버리지 않을까 싶었다. 그러나 생각과는 달리 참관 의사를 밝혔던 학우들은 회의가 시작되자 사뭇 진지하고 초연하게 나눠준 자료들을 살폈다. 그리고 앞, 옆, 뒤 친구들과 회의 진행에 방해될까 염려하여 자료에 대한 견해를 속삭이며 나누는 모습도 볼 수 있었다.

회의 도중에는 지루한 회의 분위기를 전환하고자 학우들과 질의 응답하는 시간을 가졌다. 그동안 학우들이 궁금했던 각 부서의 전담 공약 실태 점검과 미진한 부분에 대한 질의를 중점으로 다뤘다. 학우들의 따끔한 지적과 격려는 오히려 학생회가 새로운 움직임을 준비하는 데 큰 전환점이 되었다. 학생회를 향한 학우들의 관심과 균형 잡힌 시각을 갖춘 참여는 장시간에 걸친 회의 일정에도 참관했던 학우들이 자리를 비우지 않고 회의가 끝날 때까지 함께하게 했다.

이례적으로 학생회 정기 사무 감사(조직 기강 확립을 위한 감독·검사 업무)를 기점으로 방청석을 개방하게 된 계기는 14년도 학생회가 출범한 중점 과제와 부합했기 때문이다. 신뢰를 바탕으로 학우들에게 다가가는 학생회를 위해 투명성 제고를 실현하기에 가장 적합한 제도였다고 생각한다. 학생회 내에서 진행되는 자체 감사는 한계가 있기 마련이다. 아무리 유착 관계를 배제한 균형 잡힌 견제와 감시를 위한 제도적 감사 기구를 마련한다고 할지라도 학생회 내부에서 바라보는 시각과 학우들이 바라보는 시각은 다를 수밖에 없다. 따라서 내부에서는 어떤 시각으로 조직을 바라보고 균형을 잡아가는지와 학우들의 시각에서는 학생회의 움직임을 어떻게 평가하고 있는지는 서로 소통하지 않으면 알 수 없다.

방청 제도 도입 결과 학생회와 학우들 사이에 존재했던 암막이 걷히고 가려졌던 학생회의 내부를 환하게 비췄다. 그리고 높아만 보였던 학생회의 문턱은 점차 다시 낮아지기 시작했다. 이후로도 정기 회의 만큼은 늘 학우들과 함께하기 위해 문을 활짝 열고 학우들을 맞이했다. 당연한 일을 한 것이다. 사실 부담감이 작지만은 않았다. 모든 사안을 공개적으로 논의하는 만큼 큰 부담감이 있었다.

하지만 언젠가는 꼭 해결해야 할 과제라고 생각했다. 학생회는 신뢰를 바탕으로 학우들이 부여한 과제를 안고 선출된 사람들로 구성된 조직이자 대의민주주의를 표본으로 배우고 있는 조직이다. 그만한 대표성을 안고 있는 조직인 만큼 투명함과 공정함 그리고 소통이 필수 요건이 되어야 한다. 따라서 학우들이 회의를 방청하는 일은 당연한 일이라고 생각했다. 학생회가 정책을 입안하는 과정, 그리고 그에 대한 결정과 집행하는 과정을 살피는 것은 학생회라는 조직에 직무를 원활히 수행할 수 있도록 권한을 부여해 준 학우들의 권리이기 때문이다.

<방청석 개방 및 학생자치회 사무 감사 진행>

불신은 소통의 단절에서부터 시작된다. 소통은 신뢰의 상
징이 된다. 민주주의 사회가 끊임없이 변화와 발전을 거듭할
수 있는 원동력은 '대화'를 시도하기 때문이다. 대화를 시도
해 구성원 간의 합의를 이뤄내고, 그 결과를 통해 갈등과 불
신을 해소해 사회를 원활하게 움직이게 하는 틀을 구성하기
에 가능한 일이다. 대화를 배제한다는 것은 신뢰를 깬다는
것이고 분열을 자초하는 것이다. 이런 점에서 학생회는 큰
신뢰가 필요한 조직인 만큼 끊임없이 대화를 시도해야 한다.
학우들의 눈높이에 맞춰서 문을 열고 대화의 장을 마련하는

2장-새로운 도약을 위한 발걸음

노력이야말로 학생 중심의 학교 문화를 만들어가는 초석이 된다.

  학생회의 문을 개방한다는 것은 균형적인 감시와 견제의 시작이 될 수 있다. 이런 부분들을 누군가의 눈치를 보아서 움직인다거나 두려움으로 시작하는 것이 아니라 서로를 위해 한 발씩 발맞춰서 걸어 보는 과정이라고 생각하자. 발을 맞추다 보면 출발은 달리했지만, 목적지는 동일하게 될 것이고 결국 서로가 원하는 결과를 만들어 낸다. 학생회는 그런 존재가 되어야 한다. 학우들과 함께 가려져 있던 암막을 걷어내고 학생회가 학우들과 늘 함께한다는 것에 대한 믿음을 심어 주는 계기를 만들어 보길 바란다.

2
자치회 운영의 변화

\<학생자치회 집행부 사업 운영 보고회\>

세상 사람들에게 있어서 삶의 가치는 저마다 다르다. 안정적인 가치를 추구하며 일상에 만족하는 사람이 있는 반면에 새로운 가치를 찾아 나서며 변화를 추구하는 사람이 있다. 이러한 두 분류의 삶의 방식에 대해 "잘 사는 것이다." 혹은 "잘못 살아가는 것이다."라고 정답을 내릴 수는 없다. 개인이 추구하는 가치가 다르므로 다른 누군가가 남의 삶의 가치에 침범할 수는 있는 권한은 없다. 그러나 그 가치를 바로잡아 줄 수는 있다.

예컨대, 주변 인물들이 그 역할을 함께해 줄 수 있다. 자신이 추구하는 방향에 대한 안정성과 새로운 가치를 재발견할 수 있도록 견인하는 역할로 서로 도움을 주는 것이다. 옳고 그름을 판단하여 길을 열어줄 신호등과 같은 역할을 해 줄 수 있다. 필자는 이에 빗대어 함께했던 구성원들 개인의 가치와 조직의 가치 사이에 가려진 틀을 조정하는 데 있어서 이를 어떤 방법으로 조정하고, 견인해 왔는지에 관해 이야기하고자 한다.

'학생회'를 하나의 틀로 본다면 단일한 가치를 갖고 결성된 조직체라고 볼 수 있다. 그러나 그 안에 있는 구성원들을 보면 개인마다 추구하는 가치가 다르다. 따라서 내부에서도 의견이 분분하게 갈리고 조직이 추구하는 가치에 대한 방향성을 완벽하게 갖추기가 쉽지만은 않다. 하지만 학생회라는 조직체는 개인적인 소유물이 아니다. 구성원들 개인이 추구하는 가치가 있다고 한들 조직이 하나가 된 이유와 조직이 추구하는 가치를 먼저 생각할 줄 알아야 한다. 그리고 이를 견인하기 위한 조건들이 필요하다. 구성원들이 생각을 하나로 모을 수 있어야 하고, 조직이 추구하는 방향과는 다르게 움직이는 구성원을 바로 잡아줄 수 있는 그런 역할을 하는 여건을 갖추는 것이 우선순위였다.

<학생자치회 사무 감사 부서 신설>

　　　　　　　　　　　　2장-새로운 도약을 위한 발걸음

그렇게 2014년도 학생회 출범과 동시에 '학생회 사무 감사'를 담당하는 부서가 신설됐다. 부서의 명칭은 '기획·평가부'였다. 이 부서의 주요 활동은 학생자치의 구시대적 패러다임을 청산하고 새로운 패러다임을 추구하는 한편 조직의 기강을 바로 세우는 역할을 했다. 쉽게 말하자면 행정 기관과 공무원의 직무를 감찰하는 목적으로 설립된 대통령 직속 '감사원'의 역할과 같은 직무를 수행하는 부서라고 볼 수 있다. 따라서 학생회의 예산 결산 심사 및 각 부서의 직무 감찰 등의 업무를 주로 맡았다.

　이 부서의 경우 회장단 직속 부서였지만, 본래의 임무를 수행하기 위해서는 주변의 간섭과 압력에서 벗어나야 한다고 생각했다. 따라서 회장단은 조사한 결과와 해당 조치에 대한 보고를 받아 앞으로의 조직 운영 방향을 부서장과 함께 논의는 하되, 감찰 대상에 대한 범위는 따로 정하지 않고 임무 수행 또한 자율 권한으로 맡겼다. 해당 부서원들도 다른 부서와는 다른 조건으로 구성이 이뤄졌다.

　학생회 임원들과의 유착 관계를 배제하여 선발하는 방식의 부서원 선발이 이뤄졌다. 또한, 학생회 임원들이 참석하는 학생대표 기구인 '대의원회'에 감사 관련 회의가 진행될 때에 한하여 부원들도 참석하게 했다. 방식은 다음과 같았다. 회장단의 동의하에 1인 또는 2인의 부서원과 함께 부서장이 회의에 참석하게끔 했다. 감찰 결과 브리핑 및 사실 여부를 가려내 세부적인 조직 운영 기반 조성 및 방안을 제시할 수 있도록 여건을 보장했다.

해당 부서의 설립은 '개인적 가치'와 '조직의 가치' 사이에 존재하는 틀을 조율하는 역할의 부서였다. 임원들이 추구해야 할 가치의 우선순위가 무엇인지 분명히 인지할 수 있도록 하는 것이 목적이었다. 부서장들의 역할에 대한 인식 체계의 변화와 사적인 일들로 학생회와 유착하는 것에 대한 선을 긋도록 하는 투명성 제고와 조직 안정화를 선도하기 시작하면서 학생회에도 새바람이 불기 시작했다.

사실 이 부서에는 중요한 역할이 한 가지 더 있다. 회장단이 안정적으로 조직을 이끌 수 있도록 정책 방향성을 자문하는 중추 부서로서의 역할을 맡아서 수행한다. 실제로 그역할을 톡톡히 했다. 회장단이 제시한 1개년 계획에 걸맞은주요 공약을 기반으로 각 부서가 한 해 역점으로 제시한 사업들과 가능성을 살피며, 과도한 계획 구상으로 인해 직무수행 간에 발생할 수 있는 오류를 줄이는 데 이바지했다. 더불어 안정적인 학생회 성장 기반의 초점을 맞추는 역할을 하며 회장단이 살피지 못하고 지나간 점들을 발견하고, 새로운 방향을 제시하여 조직 문화의 새 단장과 능동적 움직임을 도왔다. 그리고 피동적인 움직임 중심으로 돌아가던 기존 패러다임의 변화를 추구하는 데 있어서 적용할 수 있는 밑바탕을 다져 학생회의 새로운 도약을 위한 길을 열어주었다.

새로운 도약을 위한 발걸음은 무거웠다. 새로운 제도의 도입과 그에 따른 시행착오도 당연히 있었다. 중요한 책무를 맡은 부서인 만큼 철저한 준비 과정이 요구되었다. 학생회 정기 감사 기간일 때는 담당 부서 친구와 기숙사에서 밤을 새우는 경우도 있었고, 때로는 감찰 대상이 된 임원들로부터 비난을 받는 부서가 되기도 했다. 하지만 그만한 각오와 뚝심 있는 결단들은 학우들의 신뢰를 얻는 학생회로써 탄탄한 지지 기반을 쌓게끔 하였다. 학생회가 더욱더 일의 능률을 높이는 데 동력 기반으로서의 역할을 하나둘씩 해내기 시작하면서 무거웠던 발걸음이 한결 가벼워지기 시작했다.

역대 처음으로 학생회 사무 감사가 시작되면서 내부의 긴장감은 한층 더 높아졌다. 정기 감사는 크게 상반기와 하반기에 이뤄졌다. 때에 따라 정기 감사 외에도 실무 점검이 이뤄지기도 했다. 감사 준비는 다음과 같이 진행됐다. 기획·평가부는 피감 부서의 장에게 감찰에 필요로 하는 자료 요청을 할 수 있는 권한을 가지고 있었다. 따라서 성과 지표를 점검하기 위해 감찰에 필요한 자료 요구를 하여 객관적인 자료들을 모아서 부서의 역량을 점검했다. 그리고 미진한 부분에 대한 질의 자료를 만들어 정기 감사를 대비했다. 정기 감사 약 30일 전에는 특별 감찰도 이뤄졌다. 서면 조사로 불충분한 부분을 고려하여 부서별로 진행되는 회의에 기획·평가부 소속 '특별 감찰단'으로 구성된 부원 1인이 배정되었다. 각 회의에 참석하여 부서장들의 업무 역량 평가와 회의에 임하는 태도, 부서의 목적성에 근간한 활동 방향 등을 평가하는 업무를 주로 수행했다. 서면 자료로 평가할 수 없는 부분을 채워주는 역할을 했다.

그러나 피감 부서 회의에 참관한 '특별 감찰단'에는 제한사항이 있었다. 감찰 시기인 만큼 중립성에 바탕을 둔 '청렴', '투명', '공정'을 정기 감사 기간 동안의 활동 기치로 내걸었다. 따라서 부서 회의에 참관하기 전에는 유착 관계를 배제하기 위해 부서장과 학년이 다르거나 최대한 접점이 없는 감찰단 소속 인원을 선별하여 배치했다. 그 인원들은 발언권과 의견을 개진할 수 있는 권한이 부여되지 않았다. 오로지 사전에 부여된 피감 부서 관련 자료 수집과 부서장의 동향을 살폈다. 그리고 이렇게 조사한 결과를 바탕으로 감찰 일지를 작성하여 보고하는 업무를 맡았다.

특별 감찰 조사 기간이 끝나고 조사된 내용을 바탕으로 각 부서가 제출한 부서 운영 지침과 함께 부서 공약 이행도를 비교·분석했다. 기획·평가부는 피감 부서 감사를 의제로 하는 정기 회의 때 대의원들에게 배부할 '감찰 결과 자료'를 만들었다. 자료를 구성하는 주요 내용은 다음과 같았다. '부서 운영 계획 실태', '부서장 상·벌점 현황', '학우들의 여론 수렴', '관련 업무 처리 평가' 등으로 큰 틀을 잡아 내용을 수록한 자료를 마련했다.

<학생자치회 사무 감사 진행>

기획·평가부는 정기 감사 주관 부서로서 질의 순서와 시간을 정해 참석한 대의원들과 함께 피감 부서를 상대로 감사를 진행했다. 피감 부서에는 사전에 감사 내용을 전하고, 해당 내용에 대해 충분한 소명 기회를 부여했다. 그 후 질의 응답하는 식으로 감사가 진행됐다. 마치 국회의 국정감사 분위기를 연상케 했다.

감사의 주된 핵심 사안은 부서장들이 관할하는 부서 업무에 대해 얼마나 관심을 두고 직무를 수행하는지 평가할 수 있는 '업무 인지 적합도'를 중점으로 다뤘다. 본인이 수행하는 직무에 대한 업무 숙지는 무엇보다 중요하다고 생각했다. 부서장의 움직임은 곧 학생회 전체의 평가로 귀결되기 때문이다. 따라서 상반기 감사는 부서의 존재성을 확실히 부각하는 계기를 마련했다. 그동안 꼼꼼히 챙겨보지 못한 부분에 대해 부서장들의 경각심을 일깨워 조직의 기강을 바로잡는 전환점이 되었다.

하지만 조직의 기강을 바로잡겠다는 명목하에 이루어진 감사라고 하여 비판적인 시각에서 바라보지만은 않았다. 지적하는 모습보다는 부서 활동 역량 강화를 위한 방향을 제시하여 평소에 가볍게 여긴 탓에 챙기지 못해 생기는 오류에 대한 시야를 밝혀 대안을 주는 전조등 역할을 하기도 했다. 이에 대한 사례가 있다. 환경부의 주된 업무는 '교내 청결 유지'라는 것을 대다수의 사람은 인지하고 있을 것이다. 그러나 필자가 학생회장일 때 정작 환경부는 기본 업무가 되어야 할 환경 정화 활동을 하기보다도 눈에 두드러지는 성과를 내기 위해 급급했던 업무를 그저 문서화하기만 하는 탁상공론이 주를 이뤘던 기억이 있다.

따라서 이것은 감사의 지적 사항이 되었고, 이와 같은 부서의 업무 본질을 개선하기 위해 부서의 주된 개념과 목적성을 감찰 활동을 통해 바로잡아 나갔다. 또한, 기본 업무 숙지와 업무 능력을 신장하는 데 중점을 둔 업무 가이드라인을 제시하였다. 이를 계기로 감사 이전에 새웠던 성과 중심의 업무가 주가 되는 것이 아니라, 기본이 바로 선 업무 인지와 이행을 우선 과제로 두었다. 더불어 학생회 임원의 직무 이탈에 대한 징계와 모범 임원에 대한 포상 제도를 강화하여 적용하기도 했다. 기본이 바로 선 조직을 다져 새로운 변화를 선도하여 가치 있는 자치 문화를 완성하는 데 큰 의미를 부여했다.

결과적으로 시대적 가치를 새롭게 창출해 내는 것은 바로 자치 문화의 새로운 패러다임을 추구하는 것에서부터 시작한다는 것을 배웠다. 결과적으로 감사 제도의 도입은 균형 잡힌 조직 문화를 뿌리내리고, 구시대적 가치를 미래지향적 가치로 전환하는 계기가 되었다.

2장-새로운 도약을 위한 발걸음

3

권한의 균형 맞추기

<학생자치회 집행부 사업 운영 보고회>

자신에게 주어진 무언가를 내려놓는다는 것은 쉽지 않은 결정이다. 자신에게 부여된 일상의 모든 것을 지키려고 끊임없는 행동을 취하는 것은 인간 본연의 자연스러운 모습이다. 따라서 이런 모습을 이기적이라고 할 수만은 없다. 사람이 살아가는 사회는 상호공존을 통한 협력으로 완성해 가는 사회다. 그러나 때론 독식과 지나친 개인의 욕심은 사회의 화를 일으키는 원인이 되기도 한다. 그러므로 그 욕심을 내려놓을 줄 아는 아름다운 결단은 사회적 불화를 잠재우고, 개인과 주변을 더욱더 조화롭게 하여 가치 있는 세상을 위해 나아가는 첫걸음이 된다.

사회를 구성하는 대표성을 가진 조직체는 상호 공존과 협력을 이끄는 매개체로써 부여받은 권한이 있다. 그중에서도 결정권을 가지고 있는 대표자의 권한은 막중하다. 대표자의 권한은 구성원들의 합의로 정당하게 부여받은 권한이다. 조직의 제반 사항을 최종 승인하는 사람으로서 막중한 책무도 뒤따르지만, 상황에 따라 직권의 범위 내에서 막강한 힘을 행사하기도 한다.

그러나 뭐든 과하면 탈이 나는 법이다. 따라서 필자는 조직의 번영을 위해서라면 때론 일부 권한의 타당성과 적절성을 검토하여 조정할 필요가 있다고 생각한다. 한곳으로 집중된 권한의 분산과 그에 따른 자율성을 보장할 수 있는 조직체가 완성되었을 때야말로 조직 내부의 화합을 이끌어내 지속 가능한 발전과 영속성을 가질 수 있다고 보기 때문이다.

필자는 이러한 부분들을 염두에 두어 미래지향적인 새 가치의 재발견을 위해서라면 조직의 권위적 모습을 과감히 벗어던질 수 있는 적절한 '분권(권한을 분산하는 것)'이 필요하다고 생각했다. 대표적으로 '인사 권한(사람을 기용하는 권한)', '집행 권한(최종적으로 승인하는 권한)' 등 그동안 학생회장에게 집중되어 있던 권한의 일부분을 분산시켰다. 즉, 더 이상 눈치 보지 않고 학우들을 위해 일할 수 있는 부서 운영의 자율성과 부서의 장이 집행권자로서 가져야 할 최소한의 권한을 보장하기 위한 조직 개편을 시도했다. 필자가 학생회장으로서 하는 일은 전체적인 기반을 잡아주는 것이 우선이라고 봤다. 자율적인 분위기 속에서 일할 수 있는 분위기를 만들어주어 '학생 중심의 자치 문화' 실현에 이바지하는 것이었다. 그렇기에 구성원들이 눈치 보지 않고 일할 수 있는 분위기를 조성하고자 했다. 그들이 최소한 보장받아야 할 권한을 나눠 갖는 것이 나아가 조직의 균형을 잡는 원천이 되기 때문에 이에 따른 과감한 시도를 했던 것이다.

가장 먼저 '인사권'을 분산했다. 학생회장의 개인적 가치에 의해 후보자를 발탁하는 것이 아니라, 부서의 장과 호흡을 맞춰 일을 잘 수행할 수 있는 사람이 선택되어야 하는 것이 옳다고 보았다. 더불어 일의 효율성과 능률을 내다보았을 때는 부서를 구성하는 인사 권한에 대한 조정이 더욱더 필요하다고 판단했다. 따라서 부서의 부원을 선발하는 인사 권한만큼은 모집하는 것에서부터 선발까지 최종 결정할 수 있는 권한의 일부를 부서장들에게 맡겨두었다.

이를 통해 학생회장이 지명하는 하향식 선발 과정이 아니라 부서장이 직접 인재를 발굴하는 상향식 인사가 이뤄졌다. 부서에서 직접 선발 계획을 세우고 그에 걸맞은 인재를 발탁하기 위한 조건을 내세우는 등의 선발 과정을 공개 원칙으로 하는 투명성과 공정성에 입각한 평행을 이룬 인사 체계를 조성했다. 그 효과로 업무에 적합한 인재를 골고루 발탁할 수 있었다.

하지만 장점이 있다면 단점도 있는 법이다. 한 가지 아쉬운 점이 있다면 부원 선발 공고와 발탁 과정에서 학생회 중심 운영 방향과 부서의 운영 방침이 따로 노는 경향이 보였다. 부서가 중심이 되는 운영 방향을 선두로 내세우다 보니 부서 중심주의로 치우치는 것이 문제였다. 이 점을 보완하기 위해 부서의 인사권을 분산시킨 만큼 이에 따른 단점도 감내해야 했다. 이러한 점들을 염려했기에 '학생회 내부 사무 감사'를 통해 부서의 움직임은 학생회 중점 목표에 맞춰서 움직이는 방향으로 제시했다. 그리고 그 범위에 벗어나는 움직임이 보이면 이를 조율해 나갔다. 그 결과로 부서 중심주의에 대한 우려는 해결할 수 있었다. 따라서 부서 중심주의로 전락하여 조직의 이해관계가 얽히게 되어 나타나는 극단의 상황을 사전에 방지할 수 있도록 제도를 구축해 둔 것은, 인사권한 분산의 탈 없는 정착을 도왔다. 아울러 매년 인사 고충의 원인이 되었던 누군가의 '라인'이 되어야만 선거 이후 학생 사회의 중추적 역할을 하는 일원이 될 수 있다는 관념적 틀을 깨는 계기가 되었다.

조직 재정비의 일환으로 학생회 내부 권한의 구도 변화 시도가 가속화되면서 '집행 권한' 또한 화두가 되었다. 이전 학생회에서는 모든 사안을 학생회장에게 직접 보고하여 논의 후 회장의 최종 승인을 받는 조직 내부의 행정 절차를 따랐다. 그러다 보니 사업성을 따져 결재 과정에서 학생회장이 승인을 반려하게 되면 모든 과정이 무산될 위기에 놓일 수 있는 상황이 전개되기 때문에 사업을 집행하는 과정이 까다로웠다. 또한, 한편으로는 사실상 대부분 사업이 학생회장의 사인만 받으면 되는 과정이다 보니 집행부를 상대로 하는 대의원회의 견제란 사실상 기능을 상실한 것과 마찬가지였다. 그 때문에 집행부 업무에 대한 견제와 감시가 사라지고 있는 현상을 개선해야 했다. 대의원회의 기능을 되살리자는 취지로 집행권 일부를 분산하는 일을 추진했다.

집행 권한 일부 분산은 다음과 같이 이루어졌다. 집행부와 대의원회 사이에서 이뤄지는 합의에 따라 최종 결정된 사업을 집행할 수 있도록 하는 데 초점을 맞췄다. 즉, 학생회장의 개인적인 판단에 의한 승인이 아니라 민주적이고 합리적인 의사 결정을 통해 다수의 의견을 존중할 수 있는 기능을 보완해 가고자 했다. 대의원회와 해당 사업의 주무 부서 간의 논의가 충분히 뒷받침된 합의를 이뤄 사업을 집행할 수 있도록 틀을 조정해 새로이 갖춰 나간 것이다. 이전에는 학생회장에게는 다음과 같은 관례적 권한이 있었다. 각 부서의 사업 중 최종 상정할 안건의 경우 학생회장을 먼저 거친다. 기존에는 그 과정에서 안건 상정을 거부할 수 있는 '거부 권한'이 있었다. 예를 들어, 집행부가 낸 의견과 회장의 의견에 일부 충돌이 있거나 부합하지 않을 때 사업에 대한 안건 상정을 반려하여 수정 후 재의하도록 하는 권한이었다. 그 후 부서장과 회장이 절충한 안건에 맞춰진 내용으로 최종 승인하는 과정을 통해 집행하는 절차를 거쳤다.

집행부에서 준비한 과정들을 안건으로 올려 보지도 못하고 시도조차 하지도 못하는 상황을 보완하기 위해 만든 제도가 학생 대표의 대표 기구인 대의원회 속에서 '사업 보고회'를 여는 것이었다. 회장 일선에서 자르는 게 아니라 사업성을 대의원회 임원들이 판단하여 동의를 얻은 후 집행하도록 하는 일환으로 만든 제도였다. 집행부에 소속된 각 부서에서는 일괄 진행하고자 계획한 내용을 사업 보고회에 참석해 브리핑하였다. 그 과정에서 해당 사업에 대한 지원이 필요한 부분을 사업 보고회의 의장인 학생회장의 사회에 따라 부서장이 발언권을 얻었다. 그리고 발언대로 나와 부서의 견해를 피력할 수 있었다. 집행부 입장에서는 원활하고 충분한 지원이 뒷받침되는 사업 이행을 위해 대의원들의 공감을 이끌어내야 했다. 사업 보고회는 합의를 통해 부서의 필요 조건들을 따낼 수 있는 관문이기 때문이다. 사업을 보고받은 대의원회 의원들은 부서장의 요청에 대한 수용 범위를 정해 보완해야 할 점들을 요구하여 조정할 수 있는 권한을 가졌다. 사업의 안정적인 집행을 위해 틀을 조정할 것을 요구할 수 있는 '사업 조정 요구권'을 갖고 집행부의 정책 방향과 학우들이 생각하는 방향에 대한 합의점을 찾아내는 일을 하였다. 집행부에 대한 견제와 균형이 이뤄지는 의회의 역할을 한 것이다. 사업의 신뢰와 가치를 높이는 것이 주된 임무였다. 한 사람의 시각이 아닌 여러 사람의 시각에서 따져 공정성과 타당성에 입각한 민주적이고 합리적인 의사 결정 과정이었다. 그러므로 집행부의 입장에서는 사업의 완성도와 질을 높이는 데 기여할 수 있었고, 학생회 전체 입장에서 봤을 때는 사업의 검증을 통한 분산된 집행 권한을 제도적으로 안정화해 균형을 잡는 데 크게 도움이 되었다.

기존 절차를 중시하던 학생회 내부 사업들에 대한 집행에 필요한 규율은 학생회장의 개인적 판단으로 인한 부서와 대의원 회의의 자율성 침해와 일의 능률을 저해하는 현상들이 나타나게 할 충분한 여지가 있었다. 따라서 이런 부분을 최소화하기 위해 노력했던 것이다. 나눠야 할 권한은 조정하고, 학생자치의 생산성 있는 가치를 재발견하는 데 가장 변화가 요구되는 부분이었다. 권한의 집중으로 생기는 내 마음대로 식의 움직임보다는 균형 잡힌 견제와 이를 제도적으로 보완해 줄 수 있는 과정의 필요성을 모두가 절실히 느꼈기 때문에 내부 규율을 재정비하는 것은 수월했다.

자치 분권 실현은 '자치'의 본질을 살려내기 위해서 꼭 필요한 시도였다. 자치회 구성원들은 저마다 자신의 소신과 철학을 갖고 가치 있는 자치 실현에 앞장서기 위해 학생회에 입성한다. 하지만 생각과 다르게 자신들을 가로막는 제도적 한계의 시험대에 오르기도 한다. 하고자 했던 일을 시도하는 과정에서 생각과 달리 투명한 가림막이 눈앞을 흐릿하게 하여 앞으로 더 나아갈 수 없을 때도 있다. 그것이 바로 제도적으로 자신이 부여받은 권한에 대한 한계에 직면했을 때다.

이러한 점들에 대한 원인을 알고 풀어나갈 돌파구가 필요하다. 그것이 바로 분권이다. 분권을 통한 정도에 따른 힘의 분산이 이뤄질 때 조직의 잠재 능력을 발휘할 수 있다. 권한을 나눠 가짐으로써 한 사람의 힘에 눌려 동일한 방향을 따라가는 것이 아니라 자율성이 보장된다. 분산된 권한에 의한 자율적인 책무에 따른 움직임은 여러 방면으로 흩어졌다가 주 임무가 완성되었을 때 다시 한데 모여 그에 따른 협치를 이룬다. 그럼으로써 자치를 통한 풀뿌리민주주의의 참된 배움을 완성해 나가는 터닝포인트가 된다.

누구나 한 조직의 대표자가 되었을 때 정당한 권한을 부여받는다. 그러나 그 권한을 손에 쥐고 있는 시간은 정해져 있다. 따라서 막강한 권한을 흥청망청 휘두르다 보면 시간이 지남에 따라 결국 그 피해는 고스란히 자신이 감내해야 한다. 하지만 자신에게 정당하게 권한을 부여한 학우들을 위해 그 권한을 나눠 가질 때, 비로소 균형 잡힌 조직의 화합을 도모하고 안정화된 운영을 통한 자치의 본질을 살릴 수 있다. 그럴 때 학우들이 함께 그리고자 하는 가치에 다가설 수 있다.

4

현장에서 문제를 찾고,
함께 발맞춰서 해결하기

<학생자치회 주관 교내 환경 정화 활동 실시>

발맞춰서 걷는다는 것. 함께하는 사람과 호흡을 같이 맞춰 나갈 때 그 가능성은 커진다. '이인삼각'을 떠올려 보자. 함께 뛰는 친구와 다리는 평행을 이루고 호흡과 리듬을 맞추며, 서로가 손을 맞잡고 믿음으로 전체적인 몸의 균형을 교감했을 때 비로소 안정적인 움직임을 유지하여 성공적으로 목표를 향해 달려갈 수 있는 경기이다.

필자는 이인삼각을 줄곧 해 왔다. 그 뜻은 필자가 학생회장으로 봉사할 때 조직 구성원들과 호흡을 맞춰 같이 나아가는 것을 중요하게 생각했다는 것이다. 왜냐하면 필자는 소통을 통한 원칙을 실천하는 것을 중심 철학으로 움직이겠다고 약속했기 때문이다. 그러나 조직의 결정권자 위치에서 줄곧 주장해 오던 신념이 개인적인 생각과 행동으로부터 행해지는 원칙을 배제한 채 필자를 움직이도록 흔들 때도 있었다. 그럴 때마다 학우들과의 약속이 깨질 수 있겠다는 우려 속에 그 점을 지켜내고자 했다. 그 때문에 필자는 학생 중심의 생동감 넘치는 학교 문화가 꽃피우는 현장 속으로 직접 찾아갔다. 서류로 아이디어를 받아 보는 것이 아닌, 현장에 뛰어들어 함께 생각을 공유하려고 했다. 그 시간은 필자가 원칙을 기반으로 균형 잡힌 실무 이행을 위한 감각을 키우는 데 보탬이 되었다.

현장 속으로 직접 뛰어들 때 비로소 답을 찾고 실질적으로 직면하고 있는 과제들이 무엇인가를 더 고민하게 된다. 그러다 보면 해답을 찾고 실천적 의지를 다져 '행복'이라는 단어를 완성하는 데 한층 더 가까워질 수 있다. 풀어내야 할 과제들이 많았다. 그동안에 묵혀뒀던 숙제를 하나씩 풀어서 나를 믿고 뽑아준 학우들에게 보답하기 위해서는 현장으로 뛰어들어야만 답을 찾을 수 있었다. 사실상 학생회 내부 아이디어 뱅크의 역할을 하는 사람은 각 부서의 부원이다. 애초에 부서원들을 구성할 때 대부분 해당 부서와 연관된 진로를 가진 친구들이 모이기 마련이다. 그들이 한데 모여 머리를 맞대고 있기에 학생회 정책의 기초 틀을 다지는데 가장 주된 역할을 한다고 할 수 있었다. 그러므로 필자는 학생회장이라는 위치에서 한계에 부딪혔던 부분들을 각 분야에서 소임을 다하는 부원과 함께 생각을 공유하고, 비전을 세우는 것이 조직을 더욱 튼튼히 하고 탄탄한 정책들이 나오게 할 거라고 기대했다. 따라서 각 부서가 주관하는 부서별 회의에 참석하여 그때만큼은 더 낮은 자세로 필자도 부원이 되어 격의 없는 소통 행보를 이어갔다.

부서 회의를 주재하는 부서장은 격의 없는 소통의 고리를 연결해 주는 '퍼실리테이터(팀원들에게 질문을 던지고 구성원의 생각에 맞서면서 한편으로는 독려하는 중간자)' 역할을 하며 다방면의 시각에서 참여를 유도했다. 서로를 존중하여 균형을 이루는 합리적인 조직 문화를 선도하기 위한 움직임을 보여 주었다. 말 그대로 부서 책임자 혼자만의 생각으로 만들어진 정책이 아니라 부서원들의 참여를 유도하고, 구성원의 견해를 존중하는 회의 문화를 자리 잡게 하여 보다 효율적이고 생산적인 가치의 재발견을 위한 가교 구실을 한 것이다.

<학생자치회 주관 교내 환경 정화 활동 실시>

2장-새로운 도약을 위한 발걸음

필자가 현장에 뛰어든 한 가지 사례로 '교내 환경 개선'에 대한 정책 실무 논의를 꼽아 볼 수 있다. 당시 필자는 유독 교내 환경에 많은 관심을 가졌다. 그러다 보니 다른 부서 회의에 비해 환경부 주관으로 하는 회의에 참석하는 횟수가 잦았다. 왜냐하면 일과 중 반나절 이상을 집보다 학교에서 일상을 보내다 보니, 더욱더 건강한 학습 여건을 조성하는 것이 우리 생활과 가장 밀접한 관련이 있다고 생각했기 때문이다. 더구나 교내 환경 문제는 탁상 위에서 논의하여 정책을 짜는 것보다 해당 현장을 직접 찾아 논의하는 것이 더 바람직하다고 생각했다.

필자는 교내 환경 개선을 위해 제도적인 뒷받침과 지원 사항을 생활 규정 개정 당시 담아내기 위해 노력했다. 이러한 노력은 학우들의 자발적인 교내 환경 개선 참여를 유도하고, 우리 스스로 생활공간을 쾌적하게 가꾸고 유지하는 환경 문화를 정착시키기 위함이었다. 하지만 제도적 개선이 뒷받침한다고 한들 정작 해당 정책을 구상하여 만드는 사람들이 실질적인 문제점을 몰라서는 안 된다는 판단이 섰다. 따라서 필자는 환경부장과 함께 틈틈이 교내 구석구석을 다니며 교내 실태를 점검하고 문제점에 대한 개선책을 찾는 데 주력했다.

가장 먼저 이행했던 부분은 학생회 임원들과 발을 맞추는 것이었다. 어느 날 필자가 환경부장에게 했던 이야기가 생각난다. "학생회 임원이 먼저 솔선수범해야겠다. 교내 환경에 변화를 주기 위한 대안은 제도가 문제가 아니라 움직임의 문제인 것 같다. 우리가 먼저 움직여 보자." 교내 환경 정책을 만들기에 앞서서 임원들이 몸소 체감하는 것이 우선이 되어야 한다는 생각이었다. 그 후로 환경부 주관으로 학생회 전임원이 나서 교내 환경 실태 점검을 했던 기억이 있다. 50L 쓰레기봉투를 나눠 갖고 구석구석을 돌아다니면서 그동안 우리가 신경 쓰지 못했던 점이나 문제의 심각성에 대한 경각심을 심어주는 계기를 가졌다. 학교 환경을 가꿔가는 게 관심 밖의 일이라는 생각의 틀을 전환하는 시간이었다. 현장을 함께 돌아보며 찾은 답은 다음과 같다. '현장에서 찾은 답이 곧 우리 일상으로 옮겨져 실용적인 정책 대안으로써의 역할을 하는구나.'였다. 이처럼 실태를 몸소 느끼면서 그때부터 현장 실무를 더욱 챙겨보았다.

실태 점검이 끝나고 환경부에서는 이를 토대로 정책 구상에 들어갔다. 필자도 함께 부원 자격으로 참석했다. 자유롭게 말이 오가는 분위기 속에서 교내 환경 정화를 정례화하자는 의견이 많았다. 아이디어는 좋지만, 과연 학우들의 관심을 불러일으킬 만한 소재로 부상할 수 있을지에 대한 고민에 빠졌다. 자기 시간을 할애하여 교내 청결에 앞장설 사람이 선뜻 나와 주길 기대하는 것은 무리였다. 그 자리에서 기존에 해 왔던 교내 쓰레기장 분리수거 청소가 번뜩 떠올랐다. 당시 교내 쓰레기장 분리수거를 자원한 학생에게 봉사활동 시간을 부여하는 제도가 있었다. 필자는 이 제도를 벤치마킹하여 적용해 보자고 제안했다. 반응이 좋았다.

　며칠 동안 청소 시간이 되면 환경부원들과 분리수거 현장을 방문하여 운영 방식을 조사하였다. 교내 정화 활동 이행에 적절한 시간대를 맞추기 위해 학생들이 가장 유동적인 시간대, 청소 구역 그리고 관리와 감독은 누가 할 것인지 등을 종합적으로 구상하였다. 그 결과를 바탕으로 학생회 내부 사정에 걸맞은 대안을 내놓았다. 시간은 학생들이 가장 빈번하게 움직여 쓰레기의 양과 먼지 농도가 가장 높은 시간대인 아침과 점심을 간격으로 하고, 구역은 전교생을 대상으로 하는 만큼 교내외 취약 구역을 선정하여 인원을 투입하기로 했다. 더불어 학생 스스로 만들어가는 교내 환경 문화 조성을 위한 취지에서 학생회가 직접 청소 임장 지도를 실시했다. 명단을 만들고 구역에 대한 청결도 점검을 통해 항시 청결을 유지하도록 했다. 또한, 책임 의식을 높일 수 있도록 담당 선생님과 논의하여 봉사 시간을 확보했다. 그리고 지원자에 한하여 1일 1인 기준으로 개인이 참여하는 시간을 체크하여, 한 학기 동안 누적된 봉사 시간을 부여받도록 했다.

　당시 이 제도는 학생들뿐만 아니라 선생님들 사이에서도 크게 호응을 얻었다. 학생들이 스스로 나서서 문제 여부를 따지고 그것을 제도화하여 의지를 보인 만큼 교내 환경 개선 면에서 크게 효과를 낼 수 있는 제도였다. 필자가 졸업한 이후에도 이 제도는 계속해서 이어졌다. 이 같은 움직임은 현장에서 구성원들과 함께 머리를 맞대고 고민했기에 가능했던 결과라고 본다.

　만일 필자가 탁상 앞에서 문서화된 아이디어 기획안이 올라오기만을 학수고대하고 있었다면 잠재적인 새 가치를 재발견하는 것은 말뿐이었을 거다. 조직 문화 패러다임의 틀을 새로이 바꾸겠다는 다짐과 실제 행동의 엇박자로 인해 조직을 견인해 나가는 리더로서 움직이는 데 무리가 되었을 것으로 생각한다. 그러다 보면 탁상공론의 틀 속에 갇혀 자연스레 소통이 부재하게 된다. 또한, 관료주의적인 태도로 일관하여 구성원들 간의 갈등은 높아지게 될 것이고 실질적인 실무 감각이 무뎌져 기대 이상의 가치를 구현하기가 쉽지 않았을 것이다.

따라서 필자는 학생회 선거에 도전하고자 준비하는 독자들에게 이런 조언을 하고 싶다. '가치는 함께 만들어 가는 것, 결과는 함께 누리는 것.' 이것이 필자가 독자들에게 전하고 싶은 내용이다. 가치를 함께 만든다는 것은 낮은 자세로 귀를 열고 들을 준비 자세를 갖춘 사람이 되어야 한다는 것이고, 그 결과를 함께 누린다는 것은 기본자세를 바탕으로 구성원들과 함께 발맞출 감각과 능력이 갖춰진 사람이 되어야 한다는 것이다. 현장에서 몸소 느끼고 부딪혀 봐야 한다. 그 실천이 실천적인 면모를 갖춘 영향력 있는 리더로서의 역할을 수행하는 데 충분한 뒷받침이 될 수 있다고 생각한다. 끝으로 학생 사회를 이끄는 리더가 되기 위한 도전에 앞서서 나는 리더로서 어떤 자세를 갖춘 사람인지 자신을 먼저 검증해 보길 권한다.

5

가치는 높이고, 행복은 퍼지고
-학생 참여 예산제

<학생자치회 운영 예산 편성 논의>

가치는 높이고, 모두에게 행복이 퍼지는 교육? 여러분은 어떤 교육을 받아 왔는가? 필자가 여태껏 보아온 학교 교육의 모습은 일관적인 주입식 교육이었다. 그러다 보니 학생들의 잠재 능력은 감춰질 수밖에 없는 것이 현실이었다. '나는 무엇을 하고 싶은지', '무엇을 잘하는지'에 대한 고민조차 해 볼 수 없이 시간은 다 가버리고 눈앞에 대학 원서가 떡하니 놓이지 않았나 싶다. 그렇게 점수에 맞춰 급급하게 진로를 결정하고 진학하는 경우가 많았다. 그저 기계처럼 빡빡하게 짜인 시간표에 따라 움직이다가 자신이 꿈꾸는 모습은 그려 보지도 못한 채로 바쁘게 앞만 보고 달려가야만 했던 우리의 모습. 이 모습 자체가 우리의 모습이었다.

그러나 교육에도 새바람이 불기 시작했다. 학생들의 '꿈'과 '끼' 그리고 가능성을 열어 주기 위한 창의적이고 주도적인 학습을 통해 학생 눈높이에 맞는 교육의 시대를 열기 위한 준비가 시작되고 있다. 이처럼 교육 패러다임의 변화를 통해 교육의 질을 높이고 학생들의 잠재성을 키워내기 위한 모습들이 보인다. 교육도 체질 개선이 필요하다. 교육 체질 개선에 앞장서서 지난 시간 동안 부족했던 양분을 채워 준 것은 바로 비(非)교과 활동 영역의 바람이 불기 시작한 것이라고 본다.

비교과 활동은 교과 이외의 교내 활동을 이야기한다. 즉, 학생들이 직접 자신의 꿈을 찾는 길을 열어 주고, 목표를 이루기 위한 경험을 스스로 학습하고 습득해 나가도록 역량을 길러주는 교육 과정이다. 이 교육 과정을 소위 창의적 체험 활동이라고 한다. 총 4가지 영역이 있다. 자율 활동, 동아리 활동, 봉사 활동, 진로 활동이다. 이 4가지 영역 중에서도 창의적 체험 활동의 원조라 할 수 있는 '자율 활동'이 있다. 이 영역의 '학생자치활동'을 사례로 들어서 비교과 활동의 가치 있는 교육 실현의 배경이 된 이야기를 하고자 한다.

여러분은 '학생 참여 예산제'를 들어 보았는가? 학생 참여 예산제란, 교사의 개입을 최소화하고 학생들이 정책 기획부터 예산안 심사와 집행까지의 과정을 경험하며, 스스로 자치의 개념을 터득하는 것이 핵심 교육이다. 더 나아가 학생 사회 속 학생회가 '작은 정부'의 역할을 통해 참된 민주시민의 역량을 기를 수 있는 학습 활동이라고 할 수 있다.

필자는 학생 참여 예산제를 1호로 경험한 학생이라고 해도 과언이 아니다. 당시 교육계에서 학생 참여 예산제를 교육 정책으로 정착하기 전에 필자의 학교에서 일부 해당 제도의 문을 열어 경험했다. 한마디로 시험 운전대를 잡은 셈이었다. 그러다 보니 시행착오를 겪어가며 그 틀을 잡아 온 기억이 있다. 필자가 학생회장이었을 때만 하더라도 학생 참여 예산제는 크게 대두되지 않았던 만큼 자료가 충분하지 않았다. 따라서 시행하기에 앞서서 고민이 깊어졌다. 당시 학생 사회를 견인할 학생회장이라는 직책을 학우들로부터 부여받았지만, 필자의 마음은 무거울 수밖에 없었다. 왜냐하면 학우들과 약속한 일들을 꼭 지켜야 하는데 이를 충분히 뒷받침할 수 있는 예산이 필요했기 때문이다. 필자가 학생회장이 되기 전까지만 하더라도 학생회가 직접 예산을 편성하고 집행한다는 것은 생각도 못 했다. 그럴 만한 충분한 경험과 여건이 조성되지 않았기 때문이다.

필자는 결단 없이 일을 진행하는 데 무리가 있다고 판단했다. 그래서 학생회 구성원들을 불러 모았다. 집행부 임원들과 당해년도에 집행할 예산을 조목조목 따져 보았다. 그리고 부서마다 한 해 사업에 투자할 예산을 나눠보았다. 투자할 예산의 실효성을 따지고 만약을 대비해 예산 수정의 경우까지 생각하여 예비 비용도 일부 편성해서 예산안 서면 자료를 만들었다. 다음날 조심스레 교장실의 문을 두드렸다. "선생님, 안녕하세요. 학생회장입니다. 혹시 바쁘지 않으시다면 시간 좀 내주실 수 있으세요?" 그러자 교장 선생님께서 "어, 우리 회장 무슨 일이야? 들어와."라고 환하게 웃으시며

반갑게 맞아주셨다. 그 순간 긴장했던 마음이 가라앉았다.

사실 교장실 문을 두드렸던 기억은 한두 번이 아닌 것으로 기억한다. 필자가 부회장이던 2학년 때는 수시로 교장 선생님을 찾아뵙고 많은 요구 사항을 교장 선생님께 전했던 기억이 있다. 그러나 이전까지는 직접 학생회 운영에 필요한 예산을 크게 요구해 보지 않았던 만큼, 교장실로 향하려고 하니 발이 묶였다, 풀리기를 반복했다. 그만큼 많이 망설였다. 하지만 용기를 내야만 했다. 학생 사회의 변화를 위해 달려야 하는 1년이 필자의 움직임에 달렸으니까.

선생님께서는 용건을 물으셨다. 필자는 그 자리에서 망설임 없이 준비한 서류를 선생님의 책상 위에 쓱 내밀었다. 선생님께서는 이미 대략적인 내용을 직감하시고 마음속으로는 결정을 내리신 듯 미소를 지으셨다. 그 순간 마음은 조마조마했지만, 일단 선생님께서 서류를 검토하실 때 예산안의 의도와 방향을 차근차근 설명해 드렸다. 선생님께서는 딱 한 마디로 정리해 주셨다. "회장아, 나는 너희를 믿어." 그 순간 드는 생각은 '일이 왜 이렇게 쉽게 풀리는 거지?'라는 의문이었다. 그렇지만 이제는 알 것 같다. 선생님께서는 학생들이 스스로 움직이는 모습을 보여 주길 기다리셨던 것이 아닐까 싶다. 그 당시 이미 마음속으로는 학생들에게 믿고 맡길 준비를 하셨던 것 같다.

　교장실을 나서기 전에 선생님께서는 교내 예산 범위 내에서 학생회에 지원을 아끼지 않으시겠다고 약속하셨다. 이를 통해 학생회는 요청한 예산 범위에 충족할 만한 성과보다도 그 이상의 가치를 그릴 수 있게 되었다는 기대를 하게 되었다.

　그렇게 학생 참여 예산제 1년이 시작되었다. 무엇보다도 학생회 예산이 책정된 만큼 학생들의 무궁무진한 생각들을 바탕으로 가치 있는 학교 문화를 만들어나갈 수 있다는 생각에 마음이 벅찼다. 그러나 벅찬 마음도 잠시, 이미 주사위는 던져졌고 한편으로는 학생들과 선생님들께서 학생회에 거는 기대에 실제로 보답해야 했다. 철저한 계획과 준비 과정이 필요했다. 따라서 기존에 짜놓은 예산안을 토대로 집행 과정에 대한 기준을 세워나갔다. 학생들은 실질적으로 행정 실무 경험이 취약한 만큼 예산 편성과 집행 과정에 대한 우려가 있었다. 그러나 우리는 그 우려에 대한 편견을 깨고 가능성을 보여 주었다.

　첫째로 기획력을 제고하는 실무 능력을 갖춰 나갔다. 한 사업에 대한 예산을 집행하기 위해서는 사업의 현실성과 실효성을 따져 봐야 한다. 그리고 교내 행정의 대표 권한을 가진 승인권자인 교장 선생님의 신뢰를 얻어야만 최종 집행이 가능하다. 이 사실은 불변이다. 그렇다면 그 신뢰는 어떻게 얻어낼 것인가? 우리는 그 방법으로 학생회 전 임원을 대상으로 한 문서 기안 실무를 익히는 학생회 실무 문화를 정착시켜 나갔다. 목적은 어떻게 되고, 운영 방침은 어떻게 되며 세부 운영은 어떻게 해나갈 것인지, 그에 대한 예산은 어느 정도 필요한지, 기대 효과는 무엇인지를 단계적으로 이해하기 쉽게 우리의 의도를 강조할 수 있는 중요한 자료로 활용했다. 또한, 그 자료는 사업 이행의 매뉴얼이 되기도 했다.

두 번째, 무분별하게 예산이 집행되는 낭비를 막기 위해 다중 검토를 실시했다. 예를 들어, 기획한 사업을 담당하는 주무 부서에서 일차적으로 완성한 기획안을 이차적으로 검토하여 사업의 질을 높이는 역할을 한 과정이 있다. 바로 학생회 '사업 보고회'를 정례화하여 개최한 것이다. 사업 보고회는 간단한 사업부터 1년 중 가장 중대한 학생회 사업에 관한 타당성, 현실성, 실효성을 정밀하게 따져 주는 없어서는 안 될 존재였다.

독자 여러분은 이 두 가지 내용을 처음 본 것 같지만은 않을 것이다. 기억하는가? 앞서 말했던 내용에서 필자가 따로 언급한 적이 있기 때문이다. 참여 예산제의 도입과 시도는 학생들이 스스로 터득하고 깨우쳐 그들이 생각하는 필요 부분에 대한 구조를 재구성해 나가는 움직임을 일으켰다. 그리고 그 속에서 자의적인 의지로 교육의 가치는 높이고, 학생들에게 행복이 퍼지게 하여 교육의 중심 가치를 자연스레 '학생 중심 교육'으로 변화시키고 있었다.

필자는 지난 과정을 다시금 떠올려 글을 쓰면서 이런 생각을 해 본다. 일반적으로 만연한 주입식 교육 형태에서 벗어나 학생 스스로가 탐구할 수 있는 교육적 여건을 마련해 주는 것이 교사의 역할이고, 학생들은 그것을 수용하여 자신의 것으로 만들 준비를 해야 한다. 그것이 곧 참된 진리를 찾아 나서는 교육의 본질이라는 것이 필자의 견해이다.

바로 학생 참여 예산제가 앞으로 그 역할을 톡톡히 할 것으로 생각한다. 필자의 학교에서 학생 참여 예산제를 일부 경험하게 되면서 학생들의 모습도 많은 변화가 보이기 시작했다. 몇 가지 사례가 있다. 학생들 스스로가 독서 골든벨과 같은 교과와 연계된 학습 활동을 구상하고 프로그램화하여 실행에 옮겨 학습에 흥미를 느껴 가는가 하면, 자신의 꿈을 찾기 위해 학생회의 문을 두드려 관심 분야의 부서 임원으로 지원하여 리더가 된 학생들이 프로그램 기획부터 이행까지 직접 경험해 보기도 했다. 학생들은 이를 통해 자신의 진로 방향을 확고히 갖추기도 했다. 또한, 이러한 움직임은 해당 학생뿐만 아니라 그동안 자신의 진로 방향에 대해 갈피를 잡지 못했던 학우들의 참여를 유도하면서 그들의 숨은 잠재 가치를 일깨우기도 했다. 이 모든 과정은 이전과 다른 학교의 모습을 그려내고 있었다. '학생 참여 예산제'가 싹틔운 결과였다.

앞으로 미래 사회가 요구하는 교육은 주체적인 판단과 협업을 통해 시대적 가치에 부흥하는 인재를 양성하는 것이라고 한다. 그런 시대적 가치에 부응하기 위해서는 교실 안에서 펜을 끄적이는 학습 활동만이 아니라, 자치활동과 같은 다양한 경험을 통해 학생 스스로가 창의적 활동을 디자인할 수 있는 교육 활동이 뒷받침되어야 한다. 그렇게 '가치는 높이고, 행복은 퍼지는' 학생 참여 예산제의 확대와 비교과 활동에 대한 아낌없는 지원은 학생들의 꿈과 끼 그리고 앞으로의 미래 교육을 그려나가는 데 더 큰 동력 자원이 되리라 생각한다.

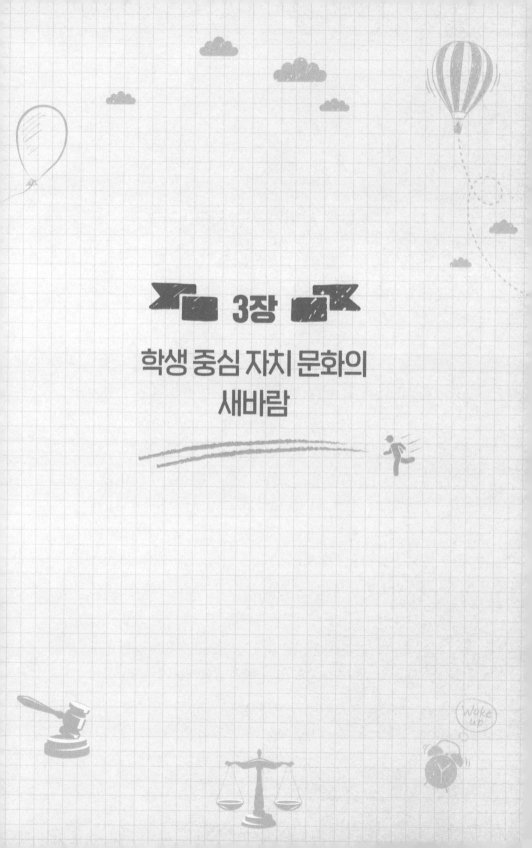

3장

학생 중심 자치 문화의 새바람

1
학생 사회가 건강해지는 힘
-스타 리더십상

여러분은 학교생활 중에 특별한 상을 받아 본 적이 있는 가? 특별한 상이라고 하면 '교육감상' 또는 '교육부장관상' 같은 큰 상을 가장 먼저 머릿속에 떠올릴 것이다. 방금 제시한 상들도 특별한 상이다. 본인의 노력과 열정의 증표이기 때문이다. 그러나 필자가 지금 얘기하는 '상(賞)'을 설명한 내용에서 전자에 있는 '특별한'의 의미는 다른 뜻을 가진다. 꼭 크기로 드러나는 것 혹은 남들이 알아줘야만 특별한 것일까? 그렇지 않다. 특별함은 단지 큰 것, 작은 것의 구분에서 오는 것이 아니라 마음의 표현과 감사함으로부터 오는 것이다. 이런 것이 특별함의 의미를 채울 수 있다고 생각한다. 왜 필자가 이런 이야기를 하는가? 궁금할 것이다. 이어지는 내용에서 그 궁금증을 풀어 드리고자 한다.

당시 학생회 임원들이 가장 받고 싶어 하는 '특별한 상'이 있었다. 바로 학우들이 주는 '스타 리더십상'이다. 이 상에는 특별한 의미가 담겨 있었다. 보통 교내 상은 담임선생님 추천이나 평가에 따라 등수를 매겨 최우수, 우수, 장려 등으로 등급을 나눠 수여된다. 그러나 스타 리더십상이 특별한 이유는 바로 학우들의 평가로 선별하여 수여된다는 점이었다. 스타 리더십상은 보통의 교내 상처럼 차별화된 등위가 없었다. 더불어 상을 받는 인원수도 정해져 있지 않았다. 그러다 보니 서로 상을 가져가겠다는 경쟁보다도 본인의 역할을 다하는 데 승부를 걸었다.

이 상이 만들어지게 된 계기가 있다. 당시 학생회장이었던 필자는 '학우들과 함께하는 학생회', '신뢰받는 학생회'의 모습을 어디서부터 그려낼 것인가에 대한 고민을 많이 해 왔다. 그리고 그 고민을 어느 시점부터 놓고 봐야 할지 생각했다. 그런데 필자의 머릿속에 문득 떠오른 것은 바로 '참정권'이었다. 왜 참정권이란 단어가 떠올랐을까? 참정권은 학생회를 구성해 준 학우들에게는 권리가 있다는 것을 떠올리게 한다. 학우들은 직간접적으로 학생회의 운영에 참여할 수 있는 권리, 즉 자기 의견을 자유롭게 표명하고 학생회의 의사 형성과 정책 결정에 직접 참여할 수 있는 권리를 가진다. 앞서 말했듯이 참정권에는 두 가지 종류가 있다. 선출직으로 학생회 임원에 도전하여 학우들을 대표하는 피선거권(입후보자가 되어 당선인이 될 수 있는 권리)을 가질 수 있는 권리와 1인 1표의 동등한 권리를 갖는 선거권 행사로 분리해 볼 수 있다. 그러나 보통 누구나 당연하게 가질 수 있는 대표적인 참정권의 권리는 '선거권 행사'라 할 수 있다. 선거권 행사의 힘은 막강하다. 그러나 그 막강한 힘은 선거가 끝나는 동시에 다음 선거가 있을 때까지 잠재워진다. 안타깝게도 참정권의 의미가 잠시 기억 속에서 지워지는 것을 우리는 경험한다.

참정권의 권리에 따르면 선거가 끝나도 누구나 자유로이 '참여'할 수 있는 권리를 가져야 한다. 학생회는 학우들의 참여 여건을 뒷받침할 의무가 있다. 그리고 학우들은 그것을 활용할 권리가 있다. 그러나 여러분이 느꼈던 학생회는 지금껏 그 기능에 대한 역할을 제대로 지켜내고 있었는가? 불행하게도 우리는 그 권리를 스스로 잠재우고 있다는 것을 인지하지 못하고 있었다. 학우들의 권리 보장에는 학생 사회의 발전이 달려 있다. 따라서 학우들의 참여를 유도하여 그들의 권리를 보장하는 것이 학생회의 사명이라고 생각했다. 그렇게 나온 아이디어가 학우들이 학생회에 수여하는 '스타 리더십상'이었다. 학생회를 모니터링하여 평가하고, 그들의 의견을 반영하여 수상 대상자를 선발하는 과정을 거쳐 학생회 임원에게 수여하는 의미 있는 상이었다. 이러한 움직임이 학생회는 학우들의 참여 여건을 조성하는 데 힘을 보탰다. 그리고 학우들은 그 움직임에 함께하며 스스로의 권리를 지켜나갔다. 그렇게 학생 사회가 더 건강해질 수 있는 길에 한 발씩 더 내디뎠다.

작은 출발이었다. 하지만 멀리 보고 가야 하는 것이 옳은 길이었다. 어쩌면 이러한 움직임들이 단편적인 수단으로만 비칠 수도 있다. 그러나 그 수단이 학생 사회를 차츰 변화시키는 방법이 되었고 학우들로부터 인정받는 학생회는 곧 교사로부터 신뢰받는 학생회로 이어졌다. 이게 무슨 말일까? 학생들의 참여를 이끌었더니 학생은 물론이고 교사로부터 신뢰를 얻는 학생회가 되었다고? 그 뒤에 비하인드 스토리가 있다. 스타 리더십상이 생기면서부터였다. 앞선 이야기에서 보았던 스타 리더십상이 수여되기까지의 과정을 기억할 것이다. 한마디로 학생들의 참여를 이끌기 위한 기본 배경에서 만들어진 상이었다. 즉, 사실상 학우들에게 학생회를 향한 관심을 불러일으키는 수단이었다. 그러나 그 수단이 방법이 되었다. 그 얘기는 학생회의 운영이 어디서부터 이뤄져야 하는지를 인지하기 시작했다는 것이다.

　스타 리더십상의 목적은 다음과 같았다. 학생자치회 임원들이 학우들로부터 부여받은 권한을 목적에 맞게 활용하여 그 이상의 가치로 만족할 만한 보답을 하고 있는지 되돌아볼 수 있게 하는 일종의 평가였다. 학생회에서는 스타 리더십상 심사 협의회를 구성하고 상반기 1회와 하반기 1회를 나눠 수상자를 선발했는데, 여기서 핵심은 학우들도 이를 평가할 권리를 가진다는 것이었다. 수상자 선발을 위한 기본 조항으로는 심사 협의회에서 정한 선발 기준을 적용하되, 1차 선발에서 그 기준에 충족한다고 해도 수상 대상자가 다음 한 가지 관문에 충족되지 못한다면 대상자에서 제외되었다. 바로 '학우 중심 평가'를 거쳐야 했다. 학우들이 최종 심사위원의 역할을 하는 것이었다. 1차 학생회 평가 선발에서는 상점, 공약 이행과 추진 성과, 학생회 사무 감사(학생회 임원의 업무 평가) 당시 지적 사항 등이 기본 선발 기준이었다. 1차는 업무 적합도 평가였다면 2차로 진행된 학우 중심 평가에서는 학우들이 바라는 인재상과 소통력을 중점 기준으로 두어 대상자를 선별해 냈다. 평소에 학우들을 대하는 태도가 그 사람의 본모습이라고 생각했다. 손은 안으로 굽는다는 얘기가 있듯이 그 점도 우려하지 않을 수 없었다. 따라서 사람의 됨됨이를 평가하는 것은 학생회 내부에서 이뤄지는 것보다 학우들이 평가하는 것이 중립적이고 타당한 평가라고 생각했다.

두 과정을 거쳐 선발된 스타 리더십상 수상 대상자들은 까다로운 조건을 거쳤기에 그만큼 신뢰받는 임원으로 평가받은 것이 분명했다. 이에 더해 학생회도 명분이라는 것을 내세울 수 있게 되었다. 학생회가 진정으로 학우들로부터 신뢰를 받고 있다는 증표로 학생 사회를 좀 더 건강하게 가꾸는 동력을 얻어낼 힘을 끌어낸 것이다. 다시 말해서 이를 계기로 교사가 바라보는 학생회의 시각을 관심과 기대의 대상으로 변화시켰다. 직접 옆에서 바라보며 지원해 주셨던 학생부 선생님께서 "학생들의 참여와 적극성은 교사가 운영할 때의 피동적인 학생회와는 비교할 수 없을 정도로 향상된다는 것을 감지했다."라고 하셨던 기억이 있다. 그만큼 직접 자신들이 이끌어가는 조직체의 발전을 위해 고민한 흔적들을 교사 또한 공감하면서 변화의 양상은 학생들뿐만이 아니라 교사들에게서도 이루어졌다. 즉, 교사들도 학생자치에 관심이 소홀했던 시간을 다시금 관심으로 채워나가며 활력을 불어넣게 되었다.

건강한 학생자치 문화, 즉 참여로써 건강해지는 학생자치 문화를 위한 움직임으로 기획했던 스타 리더십상은 어쩌면 학생자치 문화의 새로운 혁신을 일으키는 도화선이 아니었을까 생각해 본다. '상' 하나 받겠다는 물질적인 이기심 속에 보여 준 모습들이 아니라 학우들의 준엄한 선택 속에서 자율과 책임에 따른 학생 사회의 변화를 끌어내리라는 다짐은 학우들을 향한 답례였다. 계속해서 강조하는 것이지만, 학생 사회가 건강해지는 힘의 원천은 곧 구성원들의 관심과 참여 속에서 다듬어진다는 것을 간과하지 말아야 한다. 그것이 학생자치의 존립과 성장을 견인하여 건강한 학생 사회의 모습을 존속하게 한다는 것을 인지하길 바란다.

2
학교의 주체인 학생
-문화 그리고 가치관의 변화

'가치 있는 일을 한다는 것'은 무엇을 의미할까? 저마다 가지고 있는 생각과 관점이 다르기에 이를 명확히 규정할 수는 없다. 그렇다면 가치 있는 일을 하기 위한 조건이 있는 것일까? 그렇다. 가치 있는 일을 찾는 것에도 조건이 있다. 가치관, 즉 가치에 대한 관점을 찾는 것이다. 그러기 위해서는 지향점을 찾는 것 또한 중요하다. 가치관과 지향점은 서로 연결고리를 형성하고 있다. 특히 조직체를 움직이기 위한 조건에는 이 두 가지가 꼭 필요하다. 개인과 개인이 가지고 있는 다른 생각과 관점을 퍼즐을 맞추듯 이어주는 역할을 하기 때문이다. 따라서 서로가 지향하는 방향과 가치관이 공통으로 성립한다면 조직 운영이 훨씬 수월해진다. 그것이 조직이 지향하는 가치 있는 일을 시작하기 위한 우선순위가 되어야 한다. 지금부터 이어질 내용에서 왜 필자가 새로운 가치의 발견을 이같이 주장하고 전하려 하는지 살펴보자.

여러분은 '가치 있는 일'이 무엇이라고 생각하는가? 어렵게 생각할 필요는 없다. 자신이 생활하면서 재미있고 의미 있는 일, 사소한 일이라도 그런 일을 가치 있는 일이라고 생각해 보면 쉬울 것이다. 예를 들어서 꿈을 이루기 위해 도전하여 성취하는 것 또는 봉사를 통해 자신과 이웃의 행복을 찾는 것 등, 이런 작은 일들 하나하나가 자신을 성숙하게 만들고 세상을 움직이는 가치 있는 일이라고 할 수 있다.

어느 날 필자는 후배에게 "가치 있는 일이 무엇인 것 같아?"라고 물은 적이 있다. 그랬더니 후배가 하는 말이 다음과 같았다. "내가 지금 하는 일에 최선을 다하는 거요!" 사실 필자도 그 답을 듣기 전까지는 가치 있는 일을 가까이서 찾는 것이 아니라 저 멀리 답이 보이지 않는 곳을 쳐다보고 있었다. 그랬기 때문에 '가치'라는 단어가 어려웠다. 필자가 얘기하고자 하는 것은 가치관이 확립되지 않았기에 가치라는 단어를 손에 쥐고도 어려워했던 것 같다는 것이다. 그렇다. 가치관은 내가 누구인지, 무엇을 하고자 하는지, 이루고자 하는 것은 무엇인지, 왜 그것을 이루고자 하는지에 대한 생각을 갖췄을 때 비로소 확립된다. 조직도 마찬가지다. 조직의 존재 이유, 지향점, 지향하는 바를 이루기 위한 조건이 성립되었을 때 제대로 힘을 발휘하여 새로운 가치를 재발견할 수 있는 조직이 된다.

따라서 여러분이 고민하는 '학생회'라는 조직이 갖춰야 할 가치관 확립에 이어서 가치의 재발견에 어떤 조건들이 요구되는지 궁금할 것이다. 함께 고민하며 살펴보자. 먼저 학생회라는 조직체는 학생들을 대변하여 학생 사회가 추구하는 모습들을 현실에 적용해 구현하는 역할을 한다. 그렇다면 학생회라는 조직체는 본연의 역할을 위해 어떤 가치관을 가져야 할까? 먼저 하나의 조직체이지만, 그 조직 안에는 여러 사람이 있다는 것을 생각해야 한다. 내가 가진 가치관과 내 옆에 있는 친구가 가진 가치관은 다를 수 있다. 그러나 학생회라는 틀 안에서는 공통의 가치관과 지향점을 찾아내야 한다.

왜냐하면 앞의 내용에서 언급했듯이 조직과 개인은 다르다. 즉, 개인이 원하는 가치는 본인의 의사에 따라서 움직이면 된다. 그러나 조직이 원하는 가치는 하나가 되어야 이룰 수 있다. 그리고 그래야만 한다. 그렇다고 해서 개인이 가진 가치를 무시하라는 것은 아니다. 조직 내에서 서로 다른 견해를 좁혀 나가면서 적절한 합의를 이뤄내 하나 된 공통된

3장-학생 중심 자치 문화의 새바람

생각과 가치관을 도출해 내라는 의미이다. 그래야 그 조직이 존재하는 이유가 성립하기 때문이다. 학생회는 학생이 주체가 되어 학생 사회가 바라는 일들을 고민하고, 의논하여 스스로 학생들이 추구하는 가치를 찾아 나서기 위해 모인 조직이다. 그렇기에 학생회라는 조직 안에서 활동하게 될 구성원들이 공통으로 지녀야 할 가치관은 바로 학교의 '주체'가 되어야 한다. 쉽게 말해서 학교 운영의 주체가 되는 것은 학생이라는 것을 인지해야 한다는 것이다. 따라서 학생이 학교의 주체로서 역할을 한다는 '주인의식'에 대한 가치관을 지닌 학생회가 되어야 학생회라는 조직이 추구하는 가치의 밑그림을 완성할 수 있다. 그것이 가치를 그리는 첫 순서가 된다.

이렇듯 앞서 말한 조직의 가치관이 확립되기에 앞서서 가장 중요한 것이 한 가지 있다. 어떤 조직이든 사람이 만들고 사람이 완성한다. 다시 말해 조직은 사람의 마음가짐에 달려 있다는 것이다. 조직의 일원으로서 가치 있는 일을 하기 위해서는 개인의 입장보다는 공인의 입장에서 행동해야 한다. 하나의 조직은 공동의 목표를 추구한다. '가치를 만들어가는 사람'으로서 사익보다는 공익을 먼저 생각해 보아야 한다. 공적인 것과 사적인 것을 구분할 줄 아는 냉철한 판단력을 갖추고, 이해타산적인 태도에서 벗어나 건강한 조직 풍토를 앞당기는 자질을 갖춘 사람들이 모여서 하나가 될 때 비로소 자연스럽게 올바른 가치관을 갖춘 조직이 형성된다.

필자가 항상 학생회 임원들에게 공유했던 말이 있다. "우리가 학교의 주체인 만큼 학생이 중심이 되는 학교를 만들기 위해 힘을 모아 보자." 새로운 가치의 창출은 어떠한 아이디어와 기술보다는 가치관에부터 나온다는 것을 깨닫고 있었기 때문이다. 기술은 익히다 보면 시간이 지나면서 자연스레 몸에 배어 익숙해진다. 그러나 머릿속에 박힌 가치관은 쉽사리 변화시키기 힘들다. 지금껏 우리는 학교의 주인으로서 행동하기보다는 시키는 것을 받아서 하는 선생님들의 대리인 역할에 머물러 있었다. 그러다 보니 학생 사회가 염원하고 있는 가치들을 학생 스스로가 그리려고 하면 한계점에 부딪히기 마련이었다.

이러한 어려움을 딛고 가치관 확립을 위해 시작한 것이 '문화'를 활용하여 학생 사회의 가치관 확립과 새로운 가치를 재창출해내는 시도를 하는 것이었다. 가치관을 찾는 데 문화를 활용한다? 이해하기 어려울 것이다. 문화는 한 사회를 지탱하는 나무의 뿌리와 같은 역할을 한다. 한 사회 안에서 사람들이 함께 배우고 공통으로 가지는 생활 방식이 바로 문화이다. 그러므로 문화의 뿌리가 잘 뻗은 사회는 무한한 가치를 창출해낼 가능성을 가진다. 그러나 문화의 뿌리가 잘 뻗어나지 못한 사회는 늘 그 자리에서 맴돌 수밖에 없다. 한마디로 한 사회에 문화가 어떻게 자리 잡느냐에 따라서 사회의 발전과 안녕을 기대할 수 있다는 것이다.

예를 들어, 이전의 학생회가 그렇다. 기존에 뿌리내린 관념적 틀이 자리 잡고 있기에 그만큼 학생 사회의 새로운 가치를 선보이기 힘들었다. 다시 말해서 학생회 운영에 대한 결정권은 교사가 쥐고 있다는 생각들이 학생들의 머릿속에 내재되어 있어 학생 사회가 가진 무한한 가치를 끄집어내는 것을 우리 스스로 거부해 왔다. 그것을 바꾸기 위해서는 기존에 내재된 학생 사회의 통념을 깨고 새로운 가치를 창출하는 것이 답이라고 생각했다. 그것을 뒷받침하는 것이 바로 문화였다. 학생자치의 자립을 통해 학생 스스로가 학교 문화를 그려내는 일이 꿈이 아닌 현실이 될 수 있다는 자신감을 가진 것은 문화를 활용하면서부터였다.

그렇다면 문화를 활용한 가치관의 확립은 어디서부터 시작되었을까? 학생자치회 심벌마크 공모전을 개최하게 되면서부터였다. 당시는 필자가 학생회장이 되기 전에 부학생회장직을 맡고 있을 때였다. 새로운 인식과 마음가짐이 학생자치의 새 변화를 주도할 수 있다고 생각했다. 따라서 존재했지만, 확 와닿지 않았던 학생자치회의 정체성을 되찾고 가치관을 재확립하는 일이 선행되어야 한다고 생각했다. 그 일환으로 시도했던 것이 학생자치회 심벌마크 공모전을 학생회 주관으로 개최한 것이었다. 학생자치회를 대표할 만한 의미가 담긴 상징 마크를 만들겠다는 취지였다. 학생들이 직접 출품한 작품에는 학생회가 나아가야 할 방향, 그리고 학생 사회의 새로운 변화를 가져올 학생회의 모습을 기대하는 학우들의 염원이 담겨 있었다. 비록 그림에 불과했지만, 그 이상의 가치와 의미를 담고 있었다. 학생들이 직접 나서서 학생회의 정체성을 되찾고 가치관 재확립에 영향을 준 움직임이었다.

필자가 학생회장에 당선되면서 본격적으로 학생 사회의 문화적 뿌리를 잘 뻗어 나갈 준비를 구상했다. 문화 활동 양성을 공약 사항으로 내걸었던 만큼, 학생 사회의 문화적 풍토 조성을 제대로 견인해 내기 위해 학생회 조직 개편을 시도하면서 '문화 활동 양성부'를 신설하게 되었다. 이 부서의 신설로 학생자치의 정체성을 찾아가는 동시에 학생 스스로가 아이디어를 발굴하고 기획하여 직접 운영까지 해 보는 과정을 경험하면서 학생들이 자치 문화의 판을 새로이 짜고 주도하게 되었다. 더불어 학교의 주인이 학생임을 다시금 선언하고, 문화를 활용한 가치관 확립에 이어 가치의 재발견을 견인하면서 학생 사회의 르네상스를 꽃피워 학생자치 문화의 새 시대가 개막했음을 알리게 됐다.

문화는 학생회가 왜 존재하는지, 어떠한 목표를 추구해야 하는지에 대한 정체성을 찾게끔 했다. 또한, 학교라는 공간을 새롭게, 우리 마음대로 디자인하기 위해 우리가 가져야 할 가치관이 무엇인지를 파악하게끔 했다. 그리고 그것이 곧 주인의식 속에서 시작됨을 일깨웠다. 문화가 있는 학생자치를 구현하게 되면서 학생자치회 주관으로 다양한 문화 활동 프로그램을 기획하고 운영해 왔다. 학우들의 여가 시간을 점점 더 많이 확보하는 것과 함께 즐기는 학교를 만드는 것이 목표였기 때문이다.

시간이 지남에 따라 우리가 직접 발로 뛰어야만 학교생활을 더욱더 풍요롭고 즐겁게 만든다는 것을 알게 되었다. 문화를 접하게 되면서 이 힘을 실감한 학생들은 가치관의 변화가 생기기 시작했고 그제야 "우리 멋대로, 새롭게."라는 말이 익숙해졌다. 우리의 관점을 변화시킨 가치관은 바로 '학교의 주인은 학생'이라는 것이었다. 가치관의 변화를 통해서 우리는 그토록 원하던 학생이 중심이 되는 학교 문화의 새 가치를 스스로 그려냈다.

내 꿈을 디자인하는 자치활동

<교내 학생 생활 선도 자치 위원회 간담회>

"우리 학교에 입학과 동시에 여러분은 자신의 미래를 디자인할 기회가 온 것으로 생각합니다. 저는 학우들이 자신의 꿈을 디자인할 수 있는 교내 분위기를 조성하고 그 기대에 부응해 여러분께 큰 희망을 선물하기 위해 노력하는 학생회장이 되겠습니다." 필자가 학생회장이 되고 처음 단상 위에 올라가 학우들을 바라보며 했던 약속이다. 그렇다. 이 말처럼 학교는 학생들이 꿈을 디자인할 수 있는 공간이 되어야 한다고 생각했다. '나는 왜 학교에 가야 할까?', '나는 왜 공부를 해야 할까?'라는 막연한 궁금증들과 풀리지 않는 고민을 학우들과 함께 풀고 싶었다. 우리가 학교에 가야 하는 이유를 고민하기 시작했고 우리가 학교를 통해 얻어내고자 하는 것이 무엇인지 고민했다.

오랜 고민 끝에 찾은 답변은 '내 꿈을 디자인하기 위해서'였다. 학교에서 내 꿈을 디자인한다? 그렇다면 그 방법의 일환으로는 어떠한 것들이 있을까? 대부분 '학교' 하면 가장 먼저 떠오르는 것이 '공부'일 것이다. 맞다. 공부도 자신의 미래를 디자인하기 위한 방법 중 하나이다. 그러나 내 친구와 같은 교과서로 수업을 듣고, 동일하게 주어진 수행평가 과제를 해내면서 과연 나만의 꿈을 디자인할 수 있을까? 물론 지식을 쌓을 수는 있다. 그러나 학교에서 진행되는 수업들만으로 내가 꿈꾸는 미래를 디자인하기에는 아쉬움이 많다.

고등학교를 졸업하고 대학에 진학했을 때 꿈을 찾아온 것이냐고 물어보면 과연 우리는 자신 있게 대답할 수 있을까? 필자도 대학에 진학해 보니 주변 친구들이 반수, 재수, 삼수까지 하는 경우도 비일비재했다. 새로운 학교, 새로운 학과를 찾아가기 위해 조금 늦게 미래를 디자인하고 있었다. 왜 그럴까? 대부분의 학생은 대학에 진학할 때 꿈에 대한 목표를 정한다기보다는 점수에 맞춰서 입학하는 경우가 많다. 온전히 내 미래를 그린다기보다는 앞에 보이는 대학이라는 간판 때문이다. 그렇다면 대학에 간다고 해서 내 꿈을 위한 모든 것이 갖춰질까? 그것도 아니다. 지원한 학과에 대한 그간의 준비와 열정은 대학 입학과 동시에 실상이 드러난다. "적성에 맞지 않아…" 혹은 "학과 공부가 재미없어…" 결국 자퇴와 재수로 이어지는 경우들이 나타난다. 뜻지 않은 관심 밖의 환경 속에서 적응하기 위해 발버둥 치기 때문에 나타나는 결과들이다.

여러분은 초·중·고등학교 학창 시절에 미래보다 앞을 먼저 보고 생활기록부 진로 기록 칸에 기록했던 영혼 없는 꿈을 가지고 대학에 입학해서 그 꿈을 위해 4년이라는 시간을 쏟겠는가? 물론 다 그렇다는 것은 아니다. 그렇지만 지난 학창 시절 동안에 나는 어떤 생각을 가지고 미래를 그려 보았는지 곰곰이 생각해 본다면 내가 속한 분류는 어디인지 알게 될 것이다. 미래를 바라보고 달려왔는지, 아니면 대학 간판을 보고 달려왔는지 말이다.

미래를 꿈꾼다는 것은 '관심'에서 시작된다. 그렇다면 내가 가진 관심에 대한 설계는 어떻게 시작될까? 꿈에 관한 관심을 갖는다는 것은 정말 반가운 일이고 희망이 그려지는 생각들을 하게끔 한다. 그러나 관심이 관심으로만 끝나서는 안 된다. 관심 속에서 나의 강점을 찾고 강점으로 미래를 디자인해야 한다. 그렇지만 실제로는 환경적 요인에 의해 관심이 관심으로만 그치는 경우가 많다. 관심 속에서 찾은 꿈을 디자인하려 하지만, 사실 학교 수업만으로는 그 꿈을 그려내기에 역부족이다. 필자는 학생회 차원에서 이러한 부분에 대한 지원을 고민했다. 학생들이 꿈꾸는 생각과 그것을 실천으로 옮기는 방법은 학생들이 더욱더 잘 알고 있다. 따라서 학생자치회에서 주도적으로 학우들이 꿈을 찾고 디자인할 수 있는 조건을 갖추기 위해 지원을 아끼지 않는 것이 옳다고 생각했다.

일명 스펙이라 하는 것을 그동안 우리는 잡으려고만 했지, 막상 그것을 즐겨 보지는 못했던 것 같다. 스펙의 의미가 변질된 이유도 그것 때문이 아닐까 싶다. 더욱더 경쟁을 줄이고 즐기며 자신의 꿈을 디자인하는 데 따르는 부담감을 줄여주는 것이 학생회의 역할이라고 생각하게 됐다. 평소 학생회를 바라보던 학우들의 시선에서 나온 말이 생각난다. "학생회 활동하면 대학 가는 데 스펙이 되잖아!" 필자는 한 번쯤 이런 생각을 해 봤다. 학생회가 스펙 한 줄 적기 위해 거쳐 가는 자리가 아니라 진정으로 자신과 주변 친구들의 꿈을 위해 디자인할 수 있도록 뒷받침하는 곳이 되고 싶었다. 꿈을 찾고 그 꿈을 위해 디자인하다 보면 희망이 보이는 그런 학교생활을 함께 그려 주고 싶었다.

필자가 가장 먼저 변화를 준 것은 학생회 임원을 구성하는 방식이었다. 임원을 구성할 때는 자리에서 자신의 역량을 마음껏 발휘할 수 있도록 진로와 연관되는 부서에 기용했다. 그것이 학우들이 꿈을 디자인하는 학교를 만드는 데 첫발을 내디딘 일이었다. 그동안 학생 사회의 변화를 주도하지 못했던 학생회는 자신의 관심보다는 자리에 앉기에만 급급했기에 감당하지 못할 일들에 휩싸여 결국 본질을 파악하지 못한 채 결과 또한 낼 수 없었다고 보았다.

필자는 자신이 가진 강점이 무엇인지 알고 그 토대에서 관심 분야에 대한 새로운 혁신적 모델을 구상할 줄 아는 사람이 그 자리에 어울리는 사람이라고 생각했다. 그래서 함께 학생회를 이끌어갈 친구들의 진로를 조사했다. 그리고 진로를 고려해 자리를 배정했다. 관심에서 시작된 도전과 움직임이 기대 이상의 가치를 만들어 내리라는 큰 기대는 꿈이 아닌 현실이 되어 가고 있었다. 함께했던 친구들은 자신의 강점을 살려 학생 문화를 더욱 풍요롭게 견인해 냈고, 그 풍요로움을 통해 자신의 꿈을 디자인하는 시간을 가지며 내면을 더욱 단단하게 다져 나갔다. 거창한 꿈을 그려 보기에는 작은 무대였을지 모르지만, 생각을 표현해낼 수 있는 나만의 무대를 가져 보았다는 것 자체만으로도 꿈을 디자인하는 것이 어떤 의미가 있는 것인지를 충분히 생각해 보는 시간이 되었다.

이와 더불어 학생회 차원에서 직접 디자인해낸 결과들, 즉 진로 활동 제고를 위해 진행된 분야별 교내 대회 개최와 다양한 활동은 꿈을 찾는 주변 친구들에게는 더없이 좋은 진로 탐색 기회가 되었다. 꿈꾸는 미래 가치가 무엇인지는 알지만, 그 가치를 진정한 가치로써 만들어 내는 것을 고민하던 친구들에게 학생회가 함께 고민하고 풀어 가는 의미를 더했다. 더욱이 학생 스스로가 꿈을 찾고 그 길을 개척해 나가는 환경이 자연스러운 학교생활로 정착되면서 우리에게는 자신만의 가치가 담긴 스토리를 풀어내는 것이 일상이 되었다.

모든 학년은 학기가 끝날 때쯤 담임선생님과 상담을 했다. 상담 내용은 진로와 진학에 대한 비중이 컸다. 상담에서는 학교생활에 대한 변화의 양상을 관찰했다. 학기가 끝날 때쯤 학생 생활기록부를 토대로 상담을 진행하는데 생활기록부에도 변화가 생긴다. 이 시간은 지난 학기에 경험하고 가꿔온 자신만의 꿈이 담긴 스토리를 담아내는 시간이기도 하다. 그렇게 상담을 통해 진심 어린 고민의 흔적들을 돌아보며 선생님과 이야기하고 생활기록부에 하나둘씩 채워지는 진로와 진학에 대한 고민으로 그려낸 본인의 발자취를 확인할 수 있었다. 우리가 고민하고 디자인해낸 움직임들은 비경쟁적 가치 추구에서 시작되었다. 공동의 가치를 발굴하고 서로가 손을 맞대어 나만 얻어내는 것이 아니라 내 옆 친구와 함께 꿈을 찾아 미래를 함께 디자인해내는 모습들은 스펙의 가치를 더욱 아름답게 만들었다. 그 뒤에는 학생자치가 있었고 우리는 '자치'가 그려내는 미래 가치를 향한 꿈의 향연을 만끽하고 있었다.

한 후배가 나에게 이런 얘기를 했다. "학생회 활동하면서 사실 포기하고 싶을 때도 많았어요. 많이 배울 좋은 기회인 건 맞지만, 그만큼 다양한 일을 감수해야 해서요. 그렇지만 지금 생각해 보니 꿈을 위한 도전이었고 학교가 변화하고 있다는 것을 느꼈어요. 그래서 포기하지 않았던 것 같아요."

이 말을 전한 후배는 학생회 활동을 통해 자신의 꿈을 스스로 디자인해낸 친구였다. 그리고 그 후배는 이런 과정을 통해 자신이 꿈꾸던 학교와 학과에 진학하는 꿈을 실현했다.

지난 시간 동안 학우들이 연필을 들고 꿈을 스케치할 때 학생회는 크레파스가 되어 주었다. 학우들이 스케치한 미완성의 꿈을 토대로 학생회 차원에서는 아름답게 디자인하는 데 힘을 보탰다고 할 수 있다. 그렇게 서로의 재능을 모아서 함께 꿈을 디자인해냈다. 교사의 조언과 교육 정책도 여러분이 꿈꾸는 길에 큰 의미를 준다. 하지만 그 조언과 정책은 대다수의 학생에게 동일하게 적용된다. 학생들이 직접 디자인해낸 꿈 이야기만큼 큰 동기 부여가 있을까? 학생자치로 꿈을 향해 여러분이 원하고 갈망했던 그동안의 생각들을 모아 꿈을 더욱더 아름답게 디자인해 보길 바란다.

4

흔적 남기기
–『학생회 자치활동 백서』발간

<학생자치회 연간 운영 백서 발간>

3장-학생 중심 자치 문화의 새바람

무언가 흔적을 남긴다는 것은 새로운 미래 가치를 찾기 위한 준비가 되기도 하고, 그간의 모습들을 성찰하는 의미를 지니기도 한다. 여기서 말하는 흔적은 큰 의미가 아니다. 혹은 물질적이거나 재산적 가치를 지니는 것을 말하는 것이 아니다. '기록 유산'을 남기는 것이다. 한 사회는 오랜 시간에 걸쳐 계통을 이루면서 전해지는 사상이나 관습들로 전통과 문화가 만들어진다. 이러한 사회의 변천 과정을 정리하여 후손들에게 전하게 되는데 이 흔적들이 바로 '역사'가 된다. 우리는 역사를 통해 전통을 계승하고 고유의 문화적 가치를 보전하며 살아간다. 하지만 때로는 우리의 역사를 되짚어보며 성찰의 시간을 가져야 할 때도 있다. 지난 역사로 깨달음을 얻은 우리는 새로운 시각과 판단을 통한 역사적 새 가치를 추구하고 창출해내기 위해 끊임없이 진보한다. 이것은 기록 유산이 있기에 가능한 일이라고 생각한다.

여러분도 저마다 일기를 써 본 기억이 있을 것이다. 우리가 일기를 쓰는 이유는 하루를 돌아보고 자신을 성찰하는 시간을 가지며 앞으로 다가올 일들에 대해 준비할 수 있기 때문이다. 더불어 일기를 통해 자신이 행해 온 일들을 기록하고 미처 짚어 보지 못했던 자신의 과오와 오류를 되짚어보며, 다시 반복하지 않도록 하는 반성과 성찰의 시간을 갖기도 한다. 이 모든 것은 다 기록에서부터 시작된다. 기록은 새로운 비전을 재구성하고 가꾸는 요람이며 시대적 가치의 본질을 일깨워 주는 귀중한 자료가 된다.

이처럼 기록에 대한 부분에 있어서 개인보다도 조직을 이끄는 리더에게는 더욱더 이 내용을 전하고 싶다. 왜냐하면 리더는 조직의 안정과 번영을 이끌기에 통찰력을 지녀야 하기 때문이다. 그 통찰력을 기르기 위해서 리더가 속한 조직의 연혁을 읽어내야 한다. 또, 그 흐름을 파악해 내야만 앞으로의 방향 감각을 익히고 그 감각으로 조직 운영에 있어서 판단의 오류를 피할 수 있다. 새로운 움직임 속에서 벌어지는 일들을 순간순간 지나가는 단편적인 일들이라고 보는 것에 그치기보다도, 새로운 역사가 쓰이는 순간이라고 생각하고 기록해 나가야 한다. 과거와는 다른 모습으로 새로운 모습을 조망하고 새 가치를 찾기 위한 움직임들로 조직을 가다듬어 가야 한다. 그 역할을 하는 것이 '기록'이다.

필자가 학생회장이 되고 지금까지 경험해 보지 못한 새로운 일들을 추진하면서 시간이 지나면 지날수록 고민이 깊어졌다. 차기 학생회에 대한 인수인계와 새롭게 단장한 조직 문화를 어떻게 잘 전달하고, 이 맥락을 이어갈 수 있도록 협력할 것인가에 대한 고민이었다. 새로운 풍토, 새로운 가치에 대한 움직임에 익숙하지 않았던 지난 시간을 후배들이 처음부터 다시 짊어지게 하고 싶지 않았다. 그래서 지난 1년간 보존해 놓은 가치를 책으로 엮어 남기고 싶었다.

필자는 학생회 기록 유산 남기기를 줄곧 외쳐 왔다. 학생회 기록관을 설치할 수 있는 공간을 확보하고 정보를 공유하여 학생회에 대한 새 틀을 짜고자 했다. 그 역사를 통해 향후 학생회장 친구들의 고민에 대안을 제시해 줄 수 있는 그런 유산을 남길 준비를 위한 틀을 짜고자 했다. 우선 3월경에 학생회 정보 마당 웹사이트 카페를 개설하여 부서별로 각종 사업 자료를 탑재하여 정리하기 시작했다. 더불어 매월 사업 현황에 관한 내용을 쉽게 전달할 수 있도록 각 부서에서 브리핑하게끔 했다. 그 후 서기가 브리핑을 통해 나온 내용과 관련 정보들을 정리하여 기록하도록 했다.

매월 진행되는 정기 회의 회의록에는 학생회 임원들의 발언 내용을 실었다. 내용의 분간을 위해서 만약 차기 회장들이 같은 내용을 두고 "그 당시에는 왜 이런 결과가 나왔어?"라고 물었을 때 그 의문의 내용을 해석해 주기 위함이었다. 그 내용 또한 학생회 정보 마당 카페에 탑재해 두었다. 그뿐만 아니라 늘 사진 자료만큼은 남길 것을 강조했다. 왜냐하면 논의 과정에 있어서 이후에라도 연관성 있는 자료와 사진을 함께 보았을 때 더욱 내용 이해가 쉽고 진행이 어떻게 되었는지 파악하기가 용이하기 때문이었다. 지난 이들에게는 추억이 될 수 있는 과거 회상의 자료로 남겠지만, 배턴을 이어받는 이들에게는 새로운 역사를 쓸 때 더없이 가치 있는 자료가 될 것이 분명했다.

필자가 앞에서도 언급한 적이 있다. 회장이 되고 난 후에 생각만큼 잘될 것 같았던 일들도 난관을 피해갈 순 없었다는 것 말이다. 그럴 때마다 역대에 걸쳐 남겨진 백서조차 없었기에 지난 과거의 운영 방식을 통해 배운 점과 극한 상황에 대처할 매뉴얼이 없었다. 한마디로 연구할 수 있는 준비 과정이 미약했다. 즉, 학생회의 역사를 다시금 써 내려가야 했다. 선장이 바람의 방향에 맞춰 뱃머리를 돌리는 방법은 알고 있지만, 배에 누수가 있을 때 그 구멍을 메워 배가 난파되는 것을 막는 방법에는 익숙하지 않은 것 같은 모습이었다.

그래서 연말에 『학생회 자치활동 백서』를 꼭 남기고 도서관에 학생회 사료관을 자그마하게 남길 계획을 세우고 일을 진행했다. 선생님들을 찾아다니며 백서를 만들기 위한 예산을 확보하고 도서관에 들락거리며 사료관을 작게나마 확보했다.

그렇게 모인 자료들을 가지고 12월 초부터 하나둘씩 정리를 시작하면서 백서의 제목을 정하고 목차를 꾸리면서 자료를 취합했다. 무엇보다도 편집 과정에서 지난 시간을 회상하며, 변화의 기로에서 참 많은 모습을 발견할 수 있었다. 과거에는 학교가 만들어준 결과물들에 살을 덧붙여 행사 현수막 주최자에 이름만 올렸던 학생회였지만, 이제 학생 스스로가 위상을 높여 나가고 있었다. 그토록 외쳤던 학교의 주인은 진정 학생이었음을 보여 주는 가치 기반의 움직임은 학교 문화를 재건했다. 그리고 침체하였던 학생 문화의 위상을 다시 높이는 결과를 만들어냈다.

학생회의 역사가 다시 쓰이고 있었다. 1년간 다져온 우리의 모습은 258쪽으로 구성된 백서로 남겨졌다. 백서를 발간하고 학교 도서관에도 책을 전달했다. 사서 선생님께서 제일 잘 보이도록 신관 도서함에도 몇 권을 꽂아 주셨다. 며칠 뒤에 다시 도서관에 갔을 때는 백서를 진열할 수 있는 공간을 만들어 주시겠다고 하셨다. 도서관에『학생회 자치활동 백서』가 들어갔다는 것은 학우들에게 좀 더 가까이 다가갈 수 있다는 것을 의미했다. 이처럼 학교의 소통 공간이자 만남의 광장과 같은 역할을 했던 도서관에 학생회 정보 기록관을 두고자 했던 이유는, 우연히 책꽂이를 지나치다가도 궁금중을 유발하여 한두 장씩 넘겨 볼 기회를 만들기 위해서였다. 비록 백서가 꽂힌 곳은 도서실 모퉁이에 위치한 작은 공간에 불과했지만, 한 해, 두 해 지나다 보면 더욱 가치 있는 움직임들로 채워질 것을 기대한다.

임기를 마치고 학생회 임원들은 백서를 한 권씩 나눠 가졌다. 백서가 나오기까지, 학생자치의 새로운 문을 열기 위해 처음부터 다시 시작한 1년이라는 시간 동안 그들의 노고와 역량이 충분히 발휘되지 않았더라면 우리의 꿈은 보편적이고 당연한 것으로 여겨졌을 것이다. 회장 개인의 역량보다는 주변에 어떤 사람이 함께하고 힘을 모으냐 하는 것도 새로운 변화의 기로에서 방향지시등 역할을 해 준다.

조직의 큰 틀과 비전을 그리는 것은 회장의 몫이다. 그렇다면 도화지에 그려진 비전이라는 틀에 색감을 입히고 그림에 의미를 부여하는 표현력을 통해 대중이 작품에 공감하게 만드는 것은 누구의 몫인가? 바로 함께 뜻을 모으는 사람들의 역량이 모여서 완성되는 것이다.

새 시대를 위한 변화와 혁신은 어느 순간 한번에 뚝 떨어지는 것이 아니다. 어떤 일이 되었든 "시작이 있기에 결과가 있고 결과가 있기에 새로운 시작이 있다."라고 말하고 싶다. 한마디로 어떠한 일이든 모든 일은 선순환 구조로 반복되며 세상이 움직인다. 즉, 시작은 결과를 만들어내고 그 결과로 새로운 미래를 위한 또 다른 변화를 추구하게 된다. 그렇게 새 시대를 위한 시도들로 돌고 도는 선순환 구조는 우리의 일상을 변화시킨다.

그렇기 때문에 결과에 대한 기록과 기록에 대한 재해석이 필요하다고 본다. 기록 유산이야말로 세상의 움직이는 바람이 어느 쪽으로 불지 방향을 알려주는 풍향계가 될 것이기 때문이다. 기록들로 짜인 역사는 지난 과거의 과오를 반복하지 않도록 혜안을 주는 지침서가 되기도 하며 한편으로는 하나의 문화를 새로이 만들기도 한다. 따라서 필자는 지난 시간을 정리하고 기록 유산을 차근차근 남겨 볼 것을 권한다. 이를 통해 다시금 반복되며 펼쳐질 학생 사회 속에서 새 시대의 변화를 주도하며, 시대적 소망을 계속해서 고쳐 쓰며 발전시켜 나갈 기회들을 주도할 준비를 해 보길 권한다.

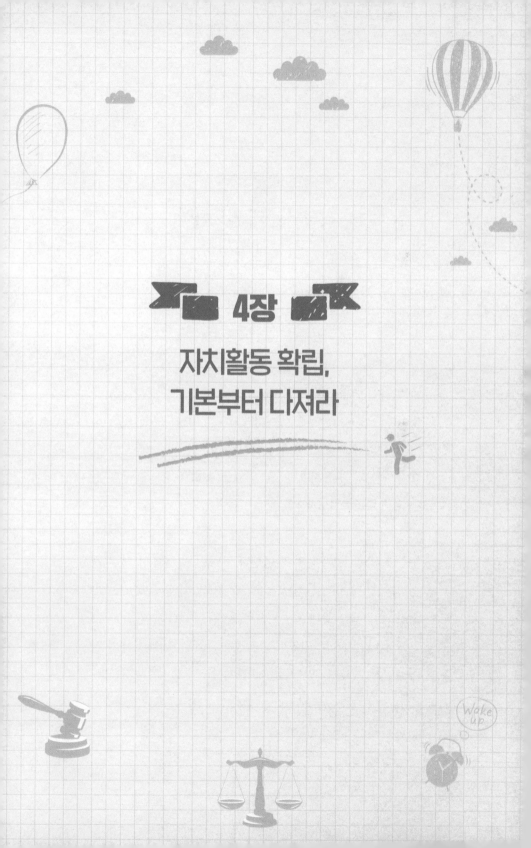

4장

자치활동 확립, 기본부터 다져라

1

기획서는 왜 필요하며
어떻게 쓸까?

우리는 살면서 한 번씩 편지를 써 본 경험이 분명히 있을 것이다. 꼭 연애편지가 아니더라도 어버이날 부모님께 전하는 마음의 편지도 포함해서 말이다. 이때 우리는 감사의 마음을 전하기도 하지만, 때론 용돈을 올려달라는 문구로 편지를 마무리하기도 한다.

물론 그 과정에서 육하원칙을 따져서 용돈을 올려 주셔야 하는 이유를 편지에 잘 담아낸다. 그렇게 세상에서 가장 정성 가득한 편지가 완성된다. 그 후 부모님의 최종 승인을 받으면 내 손에는 보너스가 덤으로 올 때도 있다.

이와 마찬가지로 기획서라는 것은 편지와 같이 상대의 마음을 사로잡을 수 있는 감동적인 글을 써 내려가는 것으로 생각하면 될 것이다. 크게 기획서 구성은 다음과 같이 이루어진다. 첫 번째로 '표지' 부분은 제목, 기안자(기획자) 및 협조자 이름 명시, 사업 요약 글로 구성된다. 두 번째는 '도입' 부분으로 기획의 목적 및 목표를 일목요연하게 넣는다. 세 번째는 '본문' 부분으로 운영 방침(이행 조건과 규정), 세부 운영 계획(일시, 장소, 준비 사항 등), 사업 예산(안)으로 구성된다. 마지막으로는 '결문' 부분에는 사업으로 발생할 수 있는 효과를 끝으로 담아 사업 계획서를 완성한다.

 기획서 작성은 기획하는 사람, 즉 기안자가 기획 의도를 파악하는 사람이 되었다고 가정하여 쓰는 것이 중요하다. 내용은 간결하면서 보는 사람이 이해하기 쉽게 작성하는 것이 관건이다. 기획안을 작성하는 구체적인 방법에 대해서는 잠시 뒤 다시 설명하겠다.

 그렇다면 구두로 얼굴을 맞대고 하고자 하는 일들을 논의하고 결정한다면 호소력과 전달력 면에서도 효과가 클 것이고, 시간을 단축하여 일을 빠르게 추진할 수도 있는데 왜 굳이 시간을 허비하면서까지 기획서를 작성하는 이유는 무엇이고 왜 필요한 것일까? 앞서 언급한 것처럼 편지를 쓰는 의도와 같다고 생각하면 된다. 필자는 기획서를 '신뢰'라는 단어로 표현하고 싶다. 신뢰는 어떠한 것을 굳게 믿는다는 것이다. 왜 하필 필자는 신뢰라는 단어를 선택한 것일까?

기획서를 작성하다 보면 다양한 단어들을 활용하게 된다. 즉, 정성을 담은 편지처럼 말이다. 이 말은 기획서를 통해 작성자의 책임성과 추진 능력을 파악할 수 있다는 것이다. 따라서 기획자의 의도에 따른 기획서에 대한 결정권자의 신뢰를 얻게 된다면, 최종 승인이 이뤄진다. 그 과정을 '결재 과정'이라고 한다. 이 과정에서 바로 서로의 신뢰를 확인하게 되고 기획 의도를 안정적으로 실현할 수 있는 바탕이 마련된다고 할 수 있다.

또한, 기획안은 조직의 비전과 방향을 담은 지도로 표현할 수도 있다. 여행하는 데 있어서 길 찾기는 구두로만 표현하기에는 어려운 상황들이 많다. 그런 상황에서 지도는 여행길에 함께 오른 사람들에게 그들이 가려는 길이 어느 쪽인지 확신을 주며, 새 여정의 시작을 여는 중요한 역할을 한다. 기획안도 마찬가지라고 생각한다. 앞으로 나가야 할 조직의 방향에 대한 길잡이가 되며, 차후에는 가치 있는 기록 유산으로 남겨져 새로 출범하는 학생회의 기본 틀을 잡아가는 가이드라인으로 활용되기도 할 것이다.

이제 기획안을 왜 써야 하는지는 대충 감을 잡았을 것이다. 감을 잡았다면 시도가 필요하다. 그런데 기획안 제목은 어떻게 선정해야 할지, 어떤 내용을 담아내야 할지, 그리고 운영도 시작하지 않은 상태에서 기획 의도에 따른 세부 운영 계획에 대한 가안은 어떻게 구성해야 할지 등 막상 기획안을 작성하려고 보면 막막할 뿐이다.

4장-자치활동 확립, 기본부터 다져라

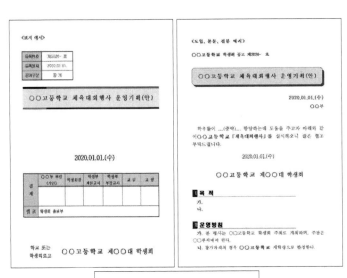

<기획서 작성 예시>

앞서 보았듯이 기획안은 '1) 표지', '2) 도입', '3) 본문', '4) 결문'으로 구성된다. 이 부분을 이해하기 쉽도록 아날로그 시계에 비유해 보겠다. 아날로그 시계는 크게 세 가지의 침(시침, 분침, 초침)과 동력 장치 그리고 동력 장치의 연료라고 할 수 있는 건전지로 구성되어 있다. 첫 번째 표지와 도입은 시계로 따지면 세 가지의 침이라고 할 수 있다. 세 가지의 침들은 시계의 시간을 보여 주기 위한 목적을 가지고 있다. 즉, 기획안으로 보면 방향성의 지표라고 할 수 있다. 기획자의 기획 목적과 의도를 짐작할 수 있도록 본론으로 들어가기 전에 검토자의 관점에서 사전 이해를 돕기 위한 과정이라고 생각하면 된다.

두 번째는 동력 장치이다. 화려한 배경과 의도를 파악했다면 이것을 어떻게 움직이게 할 것인가를 생각해야 한다. 시계에서 이 역할을 하는 것이 바로 동력 장치라고 볼 수 있다. 즉, 기획안으로 따지면 '본문' 부분이라고 생각하면 된다. 이행 과정에 필요한 장치를 만드는 과정인 것이다. 목적을 밝히고 사전에 기획자의 기획 의도를 검토자가 간략하게 파악했다면 이제 이 부분을 어떻게 실현할 것인지에 대한 신뢰를 주는 과정이라고 생각하면 된다. 따라서 이 부분에는 기획서의 주요 내용이 다 담긴다고 생각하면 될 것이다. 앞서 제시한 기획 운영 방침, 세부 운영 계획, 예산(안)이 본문 부분의 주요 내용이 된다.

마지막으로 건전지는 최종적으로 에너지를 공급하여 결론을 도출하도록 만들어주는 존재라고 할 수 있다. 시계의 동력 장치를 움직여 세 가지 침들을 움직였을 때 발생할 수 있는 결과를 끌어내는 것이기 때문이다. 이 부분을 기획안으로 따지면 '결문'이 된다. 결문은 기획서가 실현됐을 때의 효과에 대한 담보의 메시지를 주는 것이다. 시계가 정확한 시간 정보를 주는 것처럼 확실한 가능성을 시사하는 부분이라고 할 수 있다.

한마디로 기획서를 총체적으로 바라봤을 때 시계처럼 부분마다 제각각의 역할이 있음을 기억해야 한다. 기획에 필요한 과정의 순서가 바뀌어서도 안 된다. 더욱이 정확한 내용 구성으로 의도에서 벗어나지 않는 메시지를 전달하는 것이 기획서의 역할이라고 할 수 있다.

한 가지 더 추가로 설명하자면 본문에서는 그 의도를 현실에 어떻게 반영할지를 구체화하는 작업이 필요하다. 때에 따라서는 기획을 완수하기 위한 조건으로 예산이 반영돼야 하는 상황도 생길 수 있다. 따라서 가예산을 짤 때는 세부 운영 계획안을 중심 내용으로 하여 필요에 따른 예산 반영을

어떻게 할 것인지에 대한 충분한 논의가 이뤄진 다음 가예
산을 짜서 기획안에 반영하는 것이 좋다.

□ **체육대회 사업 예산(안)**

(단위 : 원)

순서	사업내용	세부항목		결제방법	예산액	비고 (예비비)
1	체육대회	○ ○○물품 : 10,000*2	카드결제	20,000	5,000
		○ ○○물품 : 10,000*3	카드결제	30,000	
	총합계				55,000	

※본예산은 ○○고등학교 학생자치회 배정 예산으로 집행한다.

<예산(안) 작성 예시>

 여기서 주의사항은 큰 범위에서 들어갈 비용을 생각해 보
고 그 범위 안에서 세부적으로 필요한 부분을 나눠 예산안
을 편성해 보는 것을 권한다. 다음과 같이 말이다. 예산서의
경우 구분하기 쉽도록 '표'를 그려서 작성하는 것이 좋다. 표
에 담을 내용으로는 1) 예산을 집행할 사업 내용, 2) 예산 세
부 내용(항목 구분), 3) 결제 수단(카드 또는 현금 지급), 4) 총합
계(지출), 5) 비고(예비 비용), 6) 비용의 단위('원' 또는 '천 원' 등)
로 구분하여 표에 담는 방법을 권장한다. 왜냐하면 먼저 세
밀한 범위부터 자잘하게 짜다 보면 나중에 어디에 쓰려고

4장-자치활동 확립, 기본부터 다져라

반영한 예산인지 구분이 어렵기 때문이다.

　따라서 무분별한 예산 분배보다는 필요에 따른 적절한 범위 설정을 통해 편성한 예산서를 기획안에 함께 기재해 보길 바란다. 필자의 생각으로는 기획안은 직접 많이 써 보고 시행착오를 거치며 선생님들께 많은 조언을 구해야 한다고 생각한다. 기획안 또한 편지처럼 글로써 표현하여 상대에게 어필하는 과정이기 때문에 상대가 내 글을 보고 이해하기 쉽게 구성하는 것이 중요한 포인트라고 할 수 있다. 기획 아이템이 아무리 좋다고 한들 그것을 어필할 수 있는 표현 방식이 부족한 기획안이라면 이면지 수거함으로 들어가고 말 것이다.

　필자는 처음 기획안을 작성할 당시 서식의 순서도 모르고 대충 표를 몇 개 정도 만들어 내용을 구성하여 교장 선생님을 찾아뵀던 기억이 있다. 아직도 기억에 남는 것은 회의며, 미팅이며, 학교 홍보며, 당일 처리해야 할 쌓인 결재 서류 검토며 하루에도 몇 건이고 예정에도 없던 일정들을 소화해 내야 했을 교장 선생님께서 나와 친구들이 작성하여 가져간 기획안을 꼼꼼히 하나씩 체크하시며 피드백해 주셨다는 것이다. 그 기억이 지금도 참 인상 깊다.

　교장 선생님은 기획안이 왜 필요한지부터 시작해서 쓰는

방법과 왜 기록해두어야 하는지 등 과정의 중요성을 알려주셨다. 그리고 자발적인 우리의 움직임을 독려해 주시고 늘 흐뭇한 미소로 바라봐 주시며 학생자치회의 새로운 도약에 든든한 지원군이 되어 주셨던 기억이 난다. 당시 우리가 처음 보여드렸던 기획안은 정말 형편없는 수준의 종잇조각에 불과했을 수도 있다. 그러나 그것을 보고 오히려 발전 가능성을 봐주셨던 교장 선생님을 비롯해서 관심을 두고 가르침을 주셨던 선생님들이 계셨기에 정말 새로운 도약이 가능했다고 생각한다.

기획안의 작성이 시작되고 기록이 남으면서 그 자료를 토대로 현재까지 모교 후배들이 당시의 양식과 기획안 작성법을 지금도 스스로 익히고 있다. 해가 바뀔 때마다 학생자치회가 외적인 면모는 변해 가도 내적으로는 지난 시간 동안 남겨진 자료들을 토대로 차곡차곡 더욱 단단히 내실을 다져 간다고 전해들었다. 아무것도 아닌 과정일 수 있다. 그러나 변화는 흰 백지에 무언가 쓰이기 시작할 때 시작되며, 그 결과는 그렇게 쓰인 작은 기록들이 차곡차곡 누적될 때 나타난다. 그럴 때 빛이 발한다는 것을 생각해 보며 여러분도 이 방법을 실천해 보길 권한다.

2

1년 풍년 농사, 양분이 필요하다
-학생회 운영 예산 확보는 어떻게?

농사를 짓는다는 것은 한 해의 곳간을 풍족하게 채우기 위한 준비라고 할 수 있다. 지금 필자가 얘기하는 농사는 무엇을 의미하는 것일까? 농부가 농사를 짓는 과정 중에는 농사 계획이 있을 것이다. 그 계획 속에는 환경에 걸맞은 농법을 익히고 비옥한 땅을 가꾸며 그에 필요한 영양분을 준비하는 과정이 있다.

농법을 익히고 비옥한 땅을 가꿨으나 충분한 양분이 준비되지 않은 농사는 풍년을 장담할 수가 없다. 즉, 농사의 핵심은 '충분한 양분'이라 할 수 있다. 이에 빗대어 설명을 이어가고자 한다. 학생회에서 추진하고자 하는 사업들도 마찬가지이다. 좋은 아이디어, 잠재된 가치들을 묵히지 않고 잘 살려내기 위해서는 이를 지원할 어느 정도의 뒷받침이 필요하다.

그것이 바로 '돈', 즉 '예산'이라는 것이다. 예산은 학생회가 한 해 동안 계획하는 일들의 양분이 된다고 볼 수 있다.

쉽게 말해서 우리가 부모님께 받는 '한 달 용돈'도 개인이 집행할 수 있는 예산이 될 수 있다. 이렇게 생각하면 쉽게 이해할 수 있을 것이다. 한 달 치 용돈을 가지고 그 돈을 어떻게 쓸 것인지는 본인의 계획에 따라 다르기 마련이다. 대부분 자기계발, 여가 활동, 도서 구매 등과 같은 가치 있는 곳에 쓸 것이다.

그렇다면 우리는 지금껏 용돈을 받기 위해 어떤 노력을 기울였는가? 보통 사전에 먼저 머릿속으로든 스마트폰 메모장이든 생각나는 대로 끄적여 본다. 그러면 정해진 한 달 용돈에 알맞게 계산 결과가 떨어질 때도 있고, 어떨 때는 초과하는 계산이 나올 때도 있다. 그렇다면 초과한 결과가 나올 때는 어떻게 하는가? 부모님께 한 달 용돈의 쓰임새를 설명해 드리고 용돈 증액 협상을 하게 된다. 왜냐하면 본인이 추구하는 방향에 대한 가치를 높이고, 계획된 일들에 대한 실현 확률을 높이는 효과를 주기 위해서이다. 물론 계획하는 일 전부가 금전적으로 투자해야지만 가치가 커진다는 것은 아니다. 이 점은 오해하지 않길 바란다.

이처럼 학생회에서 계획하는 일들도 금전적 투자가 필요할 때가 있다. 앞서 말했듯이 부모님이 주시는 정해진 용돈처럼 1년 치 학교 운영 예산 중에는 학생회에도 배정되는 예산이 있다. 그러나 분배되는 과정과 배정된 예산이 어느 정도인지에 관해서 관심을 두지 않으면 운영에 어려움을 겪는다. 당해년도에 학생회가 세운 계획들이 틀어지면서 많은 수정 작업이 이뤄지게 될 것이다.

따라서 학생회는 학교 운영 예산 분배 시기를 잘 알고 있어야 한다. 그래야 학생회에 배당되는 기본 예산 이외의 금액 중에서 학생회가 짜 놓은 계획에 맞게 더 필요한 부분을 확보할 수 있기 때문이다. 보통 학교 운영 예산의 경우 이르게는 10월 또는 11월~12월쯤에 다음 해에 쓰일 학교 운영 예산(안)의 계획→심의→확정 과정을 거치게 된다. 그렇다면 어떻게 해야 할까?

연말쯤 해서 학생회 선거가 끝나는 즉시 당선된 후보는 공약사항을 다시 한번 살펴서 공약별로 투입될 해당연도 전체 예산을 책정해 볼 필요가 있다. 그리고 한 해 동안 부서마다 집행될 가예산을 구분하여 짜 보는 과정이 필요하다. 그다음으로는 기회가 된다면 학교의 예산 계획 과정에 참여해 보고자 하는 의사를 밝히는 것도 좋은 방법이 될 수 있다. 학교 교육 주체의 일원으로서 학생들이 학교 예산 편성과 운영 과정에 참여하는 것은 무엇보다 중요하다고 생각한다.

학교에서 매년 기본적으로 책정하는 학생회 예산을 활용하는 것보다도 학생들이 직접 고민한 흔적들로 편성된 예산은 더욱 값지게 활용할 수 있다. 그러나 학생들의 요구가 충분히 반영되지 않은 예산의 경우, 다음과 같은 일이 벌어질 수 있다. 학생들이 모르는 사이에 불필요한 부분에 예산이 투입되어 나중에 정작 필요한 부분에 예산이 투입되지 못하는 경우가 발생할 수도 있다.

또한, 1학기가 끝나고 2학기를 시작하기 전에 예산 심사와 조정이 한 번 더 이뤄진다. 이때 불필요한 예산을 추가로 필요한 부분에 넘겨주는 조정이 이뤄지게 되는데, 이를 '수정 예산 수립' 또는 '추경'이라고 한다. 여기서 잠깐 용어를 짚고 가자면 수정 예산이란? 예측하지 못한 사유로 인해 먼저 짜여 있던 본예산을 변경하여 사용하려 할 필요가 있을 때 기존에 편성된 예산 내용을 수정하여 편성하는 과정이다. 추경이란? 추가 경정 예산의 줄임말이다. 예산 집행 중간에 재심사를 거쳐 부족한 예산을 추가 증액 편성하는 과정을 줄인 단어이다. 만일 학생들이 예산이 집행되기 이전까지 거치게 되는 이러한 과정들을 모르고 있다면 사실상 1년 학생회의 움직임에 문제가 발생할 우려가 있다.

연초부터 쓰일 기본적으로 배정받은 예산조차도 어느 정도의 규모로 배정되어 있는지, 어떻게 하면 사용할 수 있는지 잘 파악하지 못한 상태에서 학생회 일을 시작하게 된다면 배당받았던 예산조차 묵히게 된다. 그렇게 된다면 앞서 말한 학기가 끝날 무렵에 예산 수정 또는 추경 과정에서 학교 예산 중간 조정이 있을 때 사용하지 않는 예산으로 분류된다. 그렇게 되면 학생회가 배당받은 예산이 다른 사업으로 넘어가는 경우가 생길 수도 있다.

반대로 한 해 예산 계획 일정과 본예산 조정이 이뤄지는 시기에 대한 정보를 잘 알고만 있어도 때에 맞게 학생회 운영 계획도 그에 맞춰서 수정과 변경을 할 수 있다. 예를 들어, 사업 규모에 비해 기존 배정 예산이 부족하게 책정됐을 경우, 1학기가 끝날 무렵에 사업 규모에 맞춰 추경을 통해 예산을 재편성할 수 있는 가능성이 있다. 그 후 사업 시기를 조정하여 예산을 새로 편성하여 움직이면 계획한 대로 하고자 하는 일들을 성공적으로 견인할 가능성이 커진다.

마지막으로 정리하자면 당선된 학생회는 지난 학생회 배정 예산에 대한 정보를 학교 행정실 또는 학생부 담당 선생님께 찾아가 알아보는 것이 우선이다. 그다음으로는 차기 년도 학교 운영 예산을 언제쯤 계획하고 심의하는지 학교 계획을 알아봐야 한다. 그리고 그 시기에 맞춰 지난해에 배정되었던 예산을 참고하여 얼마나 더 늘릴지 아니면 어느 정도 적정선을 요구해야 할지 구상하는 단계로 이어져야 한다.

첫 단계는 학생회가 연간 추진할 사업 계획을 확립해야 한다. 그리고 그러한 계획들을 바탕으로 추진할 사업의 우선순위를 정하고 월별로 집행될 가예산을 책정하는 과정이 이뤄져야 한다. 두 번째는 추진할 사업의 우선순위를 정하여 가예산을 책정하는 것이 이뤄져야 한다. 전체 1년 사업에 대한 가예산을 짠 후에는 세 번째로 사업별 부서 업무 분장이 이뤄져야 한다. 예를 들어, A 사업의 경우 어느 부서에서 담당할지 부서별로 업무를 나눈 뒤 가예산을 배정해야 한다. 그리고 최종적으로 체계화된 내용을 바탕으로 '예산 기획서'를 만들어 놓을 필요가 있다.

그렇게 마련된 기획서를 바탕으로 학교에서 예산 수립과 심의 과정이 열리기 전에 학생부와 학생회 담당 선생님의 논의가 이뤄진다. 그 안에서 1차 조정을 거친 후 학생회에서 요구하는 예산안 내용이 학교 예산 수립 과정에 포함되어 논의될 수 있도록 한다. 그 뒤에 적절히 협의가 이뤄진다면 일방적으로 배정되어 떨어지는 예산이 아니라 필요에 의한 예산을 확보할 수 있을 것이다.

4장-자치활동 확립, 기본부터 다져라

더불어 예산 확정 후에는 앞의 내용에서 말한 것처럼 학교 예산 추경 및 수정 예산 기간이 언제 이뤄지는지 알아보아야 한다. 그리고 필요에 따라서는 1학기 중반부가 지날 때쯤 해서 학생회 예산 집행 내역을 정리해 보는 것도 좋다. 그리고 더 지원이 되었으면 하는 부분에 대해서는 기존에 짜 놓은 기획안 한 부와 추가로 지원받아야 할 사항을 첨부한 기획안 한 부, 총 두 가지의 기획안을 만들어 놓길 권한다. 추경과 수정 예산 심의가 이뤄지기 전에 학생부 학생회 담당 선생님과 협의 과정을 거쳐 필요 예산을 확보하는 과정도 있기 때문이다. 상황에 따라 능동적으로 계획만 잘 세운다면 한 해 동안 학생회를 운영하는 데 큰 어려움이 없으리라 생각한다.

　한 해 학생회 노력의 결실이 풍년으로 이어지는 것은 가만히 앉아서 일하기보다는 발로 뛰어다니고, 얼마나 고민한 흔적들이 있는지에 달려 있기 마련이다. 한마디로 학교에서 학생회에 얼마만큼 투자하는가는 학생회의 움직임에 달려있다는 얘기다. 계획된 가치를 빛내기 위해 학생회에 투입되는 예산의 정도가 학생회의 영양분이 될 것이다. 하지만 양분도 과하면 독이 되는 법이다. 1년 농사에 적정한 계획과 기준에 맞춘 양을 공급해야 한다는 것 또한 간과하지 말아야 할 것이다.

3

회의록은 어떻게 쓰지?

　회의록은 매 순간을 기록하는 '이야기 저장소'라고 할 수 있다. 특히나 학생회같이 공식적인 목적성을 가진 집단에서는 꼭 필요한 자료 중 하나이다. 왜냐하면, 어떤 사안에 대한 논의나 결정에 대한 결과 자료로써 구성원들의 합의 과정이 담긴 결정적인 내용 증빙이 가능해지기 때문이다.

　회의록의 구성은 다음과 같이 이뤄진다. 공식적으로 통용되는 틀이 있다기보다는 집단마다 회의록 형식의 틀이 다르긴 하나 구성 내용에서는 큰 차이는 없다. 보통 회의 '개요'와 '내용' 구성으로 이뤄진다. 개요는 회의를 주재한 단체명(대표자), 참석자 현황(정원, 참석자 수, 불참자 수), 일시, 장소, 안건, 작성일, 담당자, 호수(차수 표시)로 구성된다. 그리고 내용은 안건에 대한 논의 내용, 결의 사항, 집행 일정, 특이사항, 다음 회의 일정으로 구성된다. 그리고 마지막으로 회의를 통해 개요와 내용으로 회의록이 채워지면 회의록에 대한 효력을 주기 위해 최종 검토자의 승인 과정을 거치게 된다.

더불어 회의록의 종류는 보통의 경우 크게 두 가지로 나눠볼 수 있다. 공개 회의록과 비공개 회의록이다. 공개 회의록의 경우 해당 집단에서 논의된 사안에 관한 정보를 공유하는 회의록이다. 또한, 투명성 제고를 위해 앞으로 진행될 일들에 대한 과정을 담은 내용을 신뢰성 차원에서 공유하는 것이라고 할 수 있다. 보통의 경우 대부분의 회의록은 공개로 보관된다.

반면에 그렇지 않은 경우도 있다. 집단의 대표가 중차대한 사안을 논의한다거나, 결론을 심도 있게 도출해야 할 사안에 대해서는 회의록 공개 시한을 정해둘 수 있다. 그렇게 된다면 회의 내용이 비공개되거나 추후에 공개되는 경향도 있다. 왜냐하면, 중요한 사안의 회의는 심도 있는 논의가 오간다. 그렇기에 공개 회의 때보다 발언권자의 소신을 더욱더 강하게 피력하는 경우가 있다. 따라서 회의록이 공개될 경우, 발언 내용에 대한 침해 요소가 있을 때는 상황을 고려하여 공개 여부를 따진다. 비공개 회의록은 비공개 시한 효력이 만료되었을 때 차후에 공개된다. 물론 대표자의 권한에 따라 비공개로 결정되는 회의록도 있지만, 구성원의 의사에 따라 비공개로 전환되는 회의록도 있으므로 집단에서 새운 기준에 따라 공개 및 비공개의 확정 여부는 달라질 수 있다.

지금까지 회의록의 구성 요소에 관해서 알아봤다. 그렇다면 본격적으로 회의록을 어떻게 하면 쉽게 쓰고 회의록을 쓰는 목적인 '전달력' 있게 내용 전파를 잘할 수 있는지를 살펴보겠다. 회의록을 작성하는 사람을 '서기'라고 한다. 기록을 전담하는 사람을 나타내는 말로 집단의 정보를 수집하고 전달하는 기능을 수행한다고 보면 된다.

서기는 '이해', '정확', '신속'의 세 가지를 기본자세로 갖추고 있으면 일이 수월할 것이다. 첫 번째로 '이해'라는 것이 필요한 이유는 다음과 같다. 서기는 자기가 속한 집단이 추구하는 목표 그리고 나아갈 방향에 대한 기본적인 이해가 필요하다. 왜냐하면, 정보를 전달하는 역할을 하는 사람으로서 그 집단에서 야기되는 일들을 이해하고 올바른 정보를 전달하는 데 문제가 없어야 하기 때문이다.

두 번째는 '정확'이다. 정확성은 서기가 갖춰야 할 자세 중에서 가장 중요하다고 볼 수 있다. 기록하다 보면 오탈자와 단어의 차이를 분간하지 못하면 자칫하면 내용의 오류를 범할 수 있기 때문이다. 회의가 이뤄진 그 날의 내용이 고스란히 담겨야 할 회의록에 엉뚱한 내용이 들어가 있다면 또다시 같은 내용으로 재논의가 이뤄져야 하는 수고로움이 더해진다.

세 번째는 신속성이다. 서기는 정보 전달의 중간자 역할로서 정보의 신속 전달이 중요하다. 그 때문에 회의가 끝난 즉시 회의록을 기록해야 한다. 집단의 대표자는 회의에서 논의된 공식적인 내용을 즉시 행동으로 옮기게 된다. 따라서 그 상황에 맞춰서 대표자의 움직임을 뒷받침할 수 있는 공식 자료로서의 회의록이 브리핑 자료가 될 것이다. 따라서 내구성 있는 신속한 자료 정리와 공유가 되어야 한다.

이와 더불어 회의록을 작성하는 방법으로 녹음이나 영상 촬영을 활용하는 경우도 있다. 필자의 경우 횟수는 많지 않았지만, 당시 영상 촬영 기기를 활용하여 영상 기록을 남겨 둔 적이 있다. 이유는 회의 내용을 공유하는 차원도 있었지만, 그보다 더 큰 이유는 정확한 기록을 위함이었다. 혹여나 회의록 내용에 문제가 발생할 시 촬영한 영상을 토대로 문제가 되는 부분을 확인할 수 있기 때문이었다.

그러나 촬영의 경우에는 구성원들이 부담스러워할 수도 있으므로 가급적이면 녹음을 하는 것을 추천한다. 회의 진행 시 대표자나 구성원들의 동의를 구한 후 회의 내용을 녹

음해 둔다면, 서기는 차후 회의록을 작성할 때 정확한 내용을 파악하여 작성할 수 있다는 장점이 있다. 이것마저 부담되고 어려움이 있다면 회의 내용을 속기록(발언 내용을 빠르게 기록하는 방식)하는 방식을 추천한다. 속기록은 빠른 기록을 통해 발언자의 내용을 남기는 것을 말한다. 필자의 경우 당시 학생회 서기가 회의록 작성과 속기록까지 병행할 수 있도록 여건을 만들었다. 학생부 선생님께 학생회에서 공적으로 활용할 수 있는 노트북을 제공해달라고 요청했다. 그리고 학생회 업무용 노트북을 지원받으면서 회의 기록을 좀더 빠르고 편리하게 관리할 수 있게 되었다. 또한, 속기록을 할 때도 계속해서 회의 때마다 노트북을 번갈아 가며 빌리지 않아도 되어서 서기가 노트북이 바뀔 때마다 다른 타자 환경에 적응해야 하는 수고로움을 덜 수 있었다. 즉, 서기가 속기록을 하는 데도 불편함을 줄일 수 있었다.

속기록의 방식은 회의 시작과 동시에 발언자의 말을 따라서 발언이 끝날 때까지 빠르게 기록했고, 말의 속도가 빠를 때는 발언자에게 양해를 구해 그 속도를 조절하며 회의를 진행했던 기억이 난다.

속기록을 해 보니 내용을 파악하고 회의록을 작성하는 시간을 단축할 수 있었을 뿐만 아니라 회의의 질을 높이는 데 기여할 수 있었다. 회의 참가자들의 준비와 태도를 속기록을 통해서 비춰볼 수 있었기 때문이다. 따라서 속기록 방법은 기록을 말한 그대로 남긴다. 이는 회의 준비를 좀 더 신경 써서 진행할 수 있도록 돕는다.

앞서 얘기했듯이 회의록은 집단의 원활한 소통을 담당하는 매개가 된다. 따라서 회의록의 구성과 내용의 질을 높이고 조직에 대한 신뢰성을 주기 위해서는 기록을 어떻게 하는가가 중요하다. 그러므로 공식적으로 애초에 신뢰성을 내재하는 회의록이라는 기록 자료를 잘 활용하여 정보 공유의 기초 토대를 잘 잡아가는 것이 우선이 되어야 한다.

회의 준비와 진행은 어떻게?

이 책의 마지막을 내용을 장식하는 이번 장에서는 '회의 준비와 진행'을 이야기하려고 한다. 주된 이야기 시작에 앞서서 앞에 소개한 모든 내용의 발원이 되는 시작점이 바로 '회의 과정'이라는 점을 먼저 이야기할까 한다. 회의라는 것은 의사 결정의 시작이며 결과를 도출하는 과정이다. 회의를 거치지 않는 사안은 없다. 한 가지 작은 사안이라도 공식화하기 위해서는 공론화가 필요하며, 공론화를 통해 여론을 형성하고 여론 형성 과정을 거치면서 구성원 간의 합의라는 것이 이뤄진다. 그 후에 합리적인 최종 결과를 도출해 낸다. 이처럼 복잡하지만, 한 집단 또는 사회를 움직이기 위해서 꼭 거쳐야 하는 과정이 바로 '회의'라는 것이다.

회의라는 것을 막연하게 생각해 본다면 자유로운 의사 교환이 이루어지는 이야기장으로 생각할 수도 있다. 그렇지만 회의 과정에도 방법이 있다. 필자의 경우 학생회장이 되면서 기존의 학생회 운영 체계 중 일부였던 '회의 문화'를 바꿔야 한다는 것을 느꼈다. 왜냐하면, 기존에는 회의와 관련된 가이드라인이 없었다. 그래서 회의 방식이 회의를 이끄는 대표자의 재량으로 진행되었으므로 회의의 시작과 끝이 다른 경우가 종종 있었다.

물론 정해진 규칙 없이 자유로운 의사가 오가는 공론장을 형성하는 것도 중요하다. 그러나 기본적인 규율 정도로 회의 운영에 대한 '가이드라인'을 제시하는 것이 필요했다. 왜냐하면, 회의라는 것은 상호 간에 자유롭게 의사를 교환하는 것을 전제로 진행된다. 따라서 어느 정도의 규율에 의해 회의 질서가 갖춰지고 유지되는 것도 원활한 회의를 위해서는 필요하다고 생각했기 때문이다. 필자가 운영했던 방식을 공유해 보고자 한다.

필자가 말하는 가이드라인이라는 것은 앞서 언급했듯이 회의를 진행하는 준비와 질서를 견인하는 기본 운영 지침을 말한다. 첫 번째로 필자의 경우 회의에 대한 의사 진행을 유도하는 사람으로서 의사 진행에 필요한 시나리오를 마련했다. 시나리오는 회의 진행을 어떻게 견인할지에 관한 내용을 담았다. 회의 진행 방식은 다음과 같았다. 1) 개회사→2) 구성원 점검→3) 안건 상정(회의 주제를 공식화하는 과정)→4) 해당 안건에 대한 브리핑(담당 부서)→5) 안건에 대한 자유 발언 신청→6) 세부 논의 및 자유 토론→7) 휴회(필요에 따라)→8) 속개(휴회 후 회의를 이어가는 과정)→9) 표결(필요 사안에 한하여)→10) 다음 회의 일정 안내→11) 폐회 선언 순으로 11단계를 거쳐 회의를 진행했다.

또한, 이에 따른 단계별 의사 진행 대본도 마련하여 회의 상황에 맞게 내용을 수정을 거쳐 회의 진행에 차질이 없도록 준비해 두었던 기억이 있다. 더불어 회의 진행에 앞서서 필자는 국회에서 진행되는 본회의 과정을 자주 보고 참고했다. 의회에서 진행되는 회의 장면을 모니터링하는 것도 하나의 좋은 방법이 될 수 있다고 생각한다.

지금까지 회의의 단계별 의사 진행을 살펴봤다. 그렇다면 의사 진행을 도울 만한 부가적인 요소들이 무엇이 있을지 살펴보도록 하겠다. 첫째, '회의 일정'을 잡는 것이다. 회의 일정의 경우 사전에 조율이 필요한 부분이다. 학교의 수업 일정을 고려하여 시간표를 조사하고 정하는 것이 중요하다. 필자의 경우에는 학교에 방과 후 수업이 있었다. 방과 후 수업 시간을 피해 자율 학습 시간을 활용하여 특별한 일정이 없는 한 매월 1회 고정 요일을 정해 회의 일정을 잡고 일정에 혼선이 오지 않게 했던 것이 효율적인 방법이었다.

둘째, '장소'다. 회의 장소의 경우 필자가 회장이 되기 전까지만 하더라도 고정된 공간이 없어서 빈 교실을 찾아다니며 회의를 했던 기억이 난다. 이러한 점들을 고려하여 학생회 임원이 충분히 들어가고도 남을 공간을 마련하여 학생회실로 활용하는 것이 안정적인 운영에 도움이 되리라 생각했다. 그래서 교내 건물 아래위를 돌아보며 가장 적합한 곳을 찾았다. 학교 도서관을 활용하기로 하고 선생님과 충분한 협의를 거쳐 도서실을 학생회실을 겸용하여 활용하게 되었다. 그 이유는 충분한 좌석과 공간은 기본이었고, 소강당으로도 활용되는 예도 있었기에 회의 진행에 필요한 기본적인 물품(빔 프로젝터, 마이크, 발언대, 인터넷선 등)들도 구비되어 있었기 때문이다. 만일 필자의 학교처럼 공간 확보에 어려움이 있다면 최소한 회의 진행에 있어서 기본적으로 갖춰야 할 물품 정도가 갖춰진 공간이 있다면 그곳을 활용해 볼 것을 권한다.

세 번째는 '자료 공유'이다. 대의원회(학생대표기구)가 개회되기 전에 원활한 회의와 상정된 안건에 대한 다양한 의견을 수렴하기 위한 준비가 있어야 한다. 무엇보다도 안건으로 상정될 자료를 임원들에게 사전에 공유하는 것 또한 중요하다.

예를 들어, A 부서에서 상반기 활동으로 어떠한 계획을 수립했다. 이것을 본회에서 임원들의 토의와 검토 과정을 거쳐서 표결에 부쳐야 한다고 하자. 그런데 만일에 사전 자료 준비 없이 해당 부서의 임원이 해당 안건을 상정 요청한다고 한들 표결에 부쳐지기는 쉽지 않을 것이다. 왜냐하면, 그만큼 공감대를 형성해 내지 못한 계획(안)이기 때문이다. 그렇기에 본회의가 열리기에 앞서서 안건으로 상정될 계획들을 사전에 정리하여 공유하고, 해당 안건을 제대로 논의할 수 있도록 여건을 조성하는 것이 중요하다.

마지막으로 회의의 두 가지 운영 방식을 소개하고자 한다.

회의에는 공식 회의와 비공식 회의가 있다. '공식 회의'라 함은 공식적으로 언제, 어디서, 무엇을 논할 것인가를 명확하게 공식화하는 회의, 즉 정기 회의처럼 사전에 회의에 필요한 모든 것을 밝혀 놓은 회의를 일컫는다. 반면에 '비공식 회의'의 경우 공식 회의와는 달리 비공식적으로 열리는 회의를 말한다. 임시 회의같이 필요에 따라서 열리는 회의이다. 예를 들어, 본회의에서 정해놓은 회의를 개회할 수 있는 구성원 수의 비율을 따져 동의를 구해서 개최한다든지, 대표자의 직권 상정에 의해 긴급하게 처리해야 할 사안을 위해 개최하는 등의 임시 회의를 일컫는 것이다.

공식 회의 같은 경우 앞에 제시된 단계별 회의 준비가 이뤄지고 나서 진행된다면 어려움이 없다. 반면에 비공식 회의 같은 경우에는 사실상 단계별 회의 준비가 어려우므로 예외적으로 회의를 준비하는 것이 좋다. 예상하지 못한 상황에 대한 대처에는 어려움이 따를 수 있는 경우도 있다. 따라서 이러한 점들을 고려하여 사전에 회의 진행 기본 매뉴얼을 갖춰 놓는 것이 좋다는 것이다. 앞서 제시했던 기본 회의 매뉴얼을 토대로 진행을 준비하고, 회의 전에 최소한의 자료 정도는 정리하여 개회 시 자료 배부를 통해 논의를 이어간다면 큰 무리가 없을 것이다. 회의는 상황 대처가 중요하다. 그러므로 앞서 제시했던 모니터링을 통해 상황을 머릿속으로 미리 맞춰 보는 방법도 좋을 것이다. 필자는 이 방법을 반복하여 추천한다. 가장 익히기도 쉽고 기억하기 좋은 방법이기 때문이다.

에필로그

어색하면서도 서툰 행동들이
만들어 낸 가능성

<자치활동 리더십 캠프 재능기부 강연>

독자 여러분은 이 책의 내용에서 어색하면서도 서툰 모습들을 보았을 것이다. 어색함과 서툰 모습, 그래도 그 자연스러움이야말로 필자와 친구들이 꿈꿨던 학교를 만들 낸 힘이 아니었을까 생각한다.

우리가 만든 학교의 모습은 거창한 것이 아니었다. 나와 친구들은 학교라는 공간에서 어떤 꿈을 디자인하고 있는지, 가지고 있는 꿈을 펼치기 위해 어떤 환경들이 뒷받침되어야 하는지를 고민했다. 그리고 그러한 고민을 학생들이 스스로 풀어 가는 문화를 만들 수 있도록 도왔던 것이 바로 학생자치활동이었다.

필자는 친구들과 함께 꿈꾸는 학교를 그려내기 위한 계획을 세워 보고, 관철을 위한 요구와 타협도 서슴지 않았다. 그 과정에서 필자와 친구들은 성숙한 모습을 갖춰나가는 민주 시민의 자세를 기르는 과정을 배웠다. 개인보다는 주변과 더불어 꿈꿀 수 있는 공간을 만들어 내길 원했다. 그리고 이로 하여금 공동체적 가치 창출을 이뤄내는 바로 그런 공간을 생각해 낼 수 있는 생각의 전환도 가져왔다.

자치활동은 개인의 가치를 우위에 두는 것이 아니라 나와 내 친구가 더불어서 동반 성장하는 길을 열었다. 그리고 학교라는 공간을 우리의 미래를 디자인하는 꿈 제작소로 만들어 주었다. 학생자치활동을 바탕으로 한 자율과 책임에 따른 능동적인 움직임은 그저 교과서에서 제시하는 틀을 따라가는 것이 아니라, 학교에서 학생의 역할을 스스로 찾게 만드는 시간이었다. 지난날 서툰 모습들이 지금은 배움이 되었다. 필자는 지금도 틈틈이 후배들과 소통할 기회를 만들어 자치활동 재능 기부 강연을 다니며 다시 함께 성장할 준비를 하는 중이다.